Pe. JOSÉ BORTOLINI

Evangelhos sinóticos e Atos dos Apóstolos

Marcos | Mateus | Lucas
Atos dos Apóstolos

DIREÇÃO EDITORIAL:
Pe. Fábio Evaristo R. Silva, C.Ss.R.

CONSELHO EDITORIAL:
Ferdinando Mancilio, C.Ss.R.
Marlos Aurélio, C.Ss.R.
Mauro Vilela, C.Ss.R.
Ronaldo S. de Pádua, C.Ss.R.
Victor Hugo Lapenta, C.Ss.R.

COORDENAÇÃO EDITORIAL:
Ana Lúcia de Castro Leite

COPIDESQUE:
Luana Galvão

REVISÃO:
Sofia Machado
Bruna Vieira da Silva

DIAGRAMAÇÃO E CAPA:
Bruno Olivoto

ILUSTRAÇÕES:
Maurício Pereira

**Dados Internacionais de Catalogação na Publicação (CIP)
(Câmara Brasileira do Livro, SP, Brasil)**

Bortolini, José
    Evangelhos sinóticos e Atos dos Apóstolos / Pe. José Bortolini. – Aparecida: Editora Santuário, 2018. – (Coleção conheça a Bíblia: estudo popular)

ISBN 978-85-369-0558-7

    1. Bíblia. N.T. Atos dos Apóstolos - Crítica e interpretação 2.Bíblia. N.T. Lucas - Crítica e interpretação 3. Bíblia. N.T. Marcos - Crítica e interpretação 4. Bíblia. N.T. Mateus - Crítica e interpretação I. Título II. Série.

18-19965   CDD-226.1

Índices para catálogo sistemático:
1. Evangelhos sinóticos: Bíblia: Novo Testamento
226.1
Iolanda Rodrigues Biode - Bibliotecária - CRB-8/10014

2ª impressão

Todos os direitos reservados à **EDITORA SANTUÁRIO** – 2022

Rua Pe. Claro Monteiro, 342 – 12570-000 – Aparecida-SP
Tel.: 12 3104-2000 – Televendas: 0800 - 0 16 00 04
www.editorasantuario.com.br
vendas@editorasantuario.com.br

A coleção: "Conheça a Bíblia. Estudo popular"

Tentar popularizar o estudo da Bíblia Sagrada parece tarefa fácil, mas não é. De certa forma, é como caminhar na contramão da exegese, pois o estudioso de Bíblia, normalmente, é levado a sofisticar o estudo e a pesquisa. Há inclusive quem diga que o estudo popular da Bíblia não é coisa séria. Todavia, visto que a Bíblia é patrimônio do povo e não dos especialistas, cabe aos letrados desgastar-se para tornar esse livro acessível aos simples, ou seja, aos que não tiveram e nunca terão oportunidade de conhecer a fundo as ciências bíblicas.

Ocorre-me, a esse respeito, uma velha comparação: a do tatu e o joão-de-barro. Exegese significa "tirar para fora", "extrair". É mais ou menos aquilo que faz o tatu: ao cavar uma toca, "tira para fora" boa quantidade de terra, mas não sabe o que fazer com ela, pois seu objetivo é viver no fundo do buraco. O joão-de-barro, ao contrário, recolhe essa terra e com ela constrói a própria casa. Algo semelhante acontece no campo dos estudos bíblicos: os exegetas "tiram para fora" inúmeras informações a respeito de determinado livro da Bíblia. Mas a tentação é pensar que sua tarefa se esgotou aí. Os simples, ao contrário, aproveitam-se dessas informações e fazem a própria caminhada de fé e de conhecimento da Palavra de Deus.

É isso o que se busca com a presente coleção "Conheça a Bíblia. Estudo popular". Oxalá o esforço do especialista em popularizar a Palavra de Deus, associado à fome e sede dessa mesma Palavra por parte dos simples, provoque novamente a exclamação de Jesus: "Pai celeste, eu te louvo porque... revelaste essas coisas aos pequeninos" (veja Mt 11,25).

Apresentação

A coleção "Conheça a Bíblia. Estudo popular" foi pensada visando popularizar o estudo da Sagrada Escritura, a fim de que mais pessoas possam ter acesso a toda riqueza que existe em cada página que compõe a Bíblia.

Neste quinto volume, iremos conhecer alguns textos do Novo Testamento. Constituído por 27 livros, o Novo Testamento apresenta a vida de Jesus, sua atividade missionária, seus ensinamentos, sua morte, sua ressurreição, suas aparições, após a ressurreição, e sua ascensão ao céu. Além disso, o Novo Testamento traz relatos sobre o surgimento e a expansão das primeiras comunidades cristãs sob a liderança dos Apóstolos.

O Novo Testamento foi todo escrito em grego, sendo seu escrito mais antigo a Carta de São Paulo aos Tessalonicenses, datada em torno do ano 51 a.C.; os livros mais recentes são o Evangelho de João e as cartas joaninas, que datam da última década do século I.

Neste livro, especialmente, iremos abordar os Evangelhos sinóticos (Mateus, Marcos e Lucas) e o livro dos Atos dos Apóstolos. A palavra "Evangelho", em seu sentido primitivo, significava gorjeta dada para recompensar o portador de boas notícias. Marcos foi o primeiro a usar essa palavra como forma de expressar os acontecimentos em torno de Jesus. Foi assim que "Evangelho" veio a significar "boa notícia". Já a expressão Evangelhos sinóticos refere-se ao fato de os três evangelhos (Marcos, Mateus e Lucas) apresentarem muitas partes semelhantes. De fato, eles se utilizaram em grande parte das mesmas fontes quando escreveram seus textos. O mesmo não ocorre com o Evangelho de João, escrito posteriormente.

Já o livro dos Atos dos Apóstolos é apresentado com os Evangelhos sinóticos porque, segundo os exegetas, constitui uma sequência do Evangelho de Lucas, sendo o evangelista também o autor deste livro que narra o nascimento, o desenvolvimento e a expansão das primeiras comunidades cristãs.

Os Evangelhos sinóticos com o livro dos Atos dos Apóstolos, registro escrito da vida de Jesus e da organização das primeiras comunidades, constituem um modo de vermos como cada uma das comunidades, em que os textos foram escritos, assimilou e compreendeu a mensagem do Mestre de Nazaré e como elas continuaram sua missão fazendo com que a Boa-Nova do Reino chegasse até nossos dias.

Algumas orientações úteis para o leitor:
- As passagens bíblicas, presentes no livro, pertencem à Bíblia de Jerusalém, Bíblia Pastoral e, por vezes, são traduções diretas do próprio autor. Dependendo da Bíblia que o leitor estiver utilizando, os textos podem ser diferentes. Quando isso acontecer, o leitor deve procurar entender o sentido do texto e não apenas as palavras nele presentes.
- As respostas de alguns exercícios encontram-se abaixo deles, e a ordem das respostas está colocada conforme o exercício proposto.
- Tenha sempre à mão um caderno de anotação, no qual você poderá anotar suas principais conclusões sobre o que foi estudado.

Boa leitura!

1
O Evangelho de Marcos

I. PERGUNTAS IMPORTANTES

1. Quem foi Marcos?

O autor do primeiro Evangelho a aparecer por escrito chama-se Marcos. Costumou-se identificá-lo com João Marcos, filho de uma senhora cristã de Jerusalém, chamada Maria, que reunia em sua casa um grupo de oração (veja At 12). É o mesmo João Marcos que acompanhou Barnabé e Paulo na primeira viagem missionária e que acabou desistindo no meio da viagem (veja At 13,13). Ele foi um dos motivos da separação de Paulo e Barnabé na segunda viagem, narrada em Atos dos Apóstolos 15,39. Mais tarde, Paulo reconheceu a importância de Marcos no trabalho de evangelização (2Tm 4,11).

Costuma-se identificar Marcos com o personagem citado na primeira carta de Pedro (5,13).

2. Qual a ligação entre Marcos e Pedro?

Na primeira carta de Pedro (5,13), Marcos é chamado de "meu filho". A ligação entre os dois deve ter sido muito estreita. Por volta do ano 130, Pápias, bispo de Hierápolis, escreveu uma obra com este título: "Interpretação dos Oráculos do Senhor". De acordo com o historiador chamado Eusébio de Cesareia, nessa obra estava escrito o seguinte: "Marcos, que foi o intérprete de Pedro, cuidadosamente escreveu tudo aquilo de que se lembrava... De fato, Marcos não tinha acompanhado Jesus, mas Pedro". Essas palavras encontram-se na obra de Eusébio de Cesareia, chamada "História Eclesiástica".

3. São só essas as informações sobre Marcos?

Sim. No Evangelho de Marcos (14,51-52), encontramos um episódio estranho, ignorado pelos outros evangelistas. Quando Jesus foi preso no horto das Oliveiras, os soldados tentaram agarrar um jovem que seguia a Jesus, vestido apenas com um lençol. O jovem, ao ser agarrado, largou o lençol e fugiu nu. Esse fato, nada elogioso, levou muitas pessoas a ver nesse jovem o próprio Marcos, futuro autor do Evangelho que traz seu nome.

4. Em que língua foi escrito o Evangelho de Marcos?

A língua de todos os livros do Novo Testamento é o grego popular. Muitas vezes encontramos semitismos, isto é, expressões que não calham bem no grego e revelam que a pessoa pensava em aramaico, mas escrevia em grego. É como se nós brasileiros devêssemos escrever em outra língua, sem dominá-la. Por exemplo: Jesus disse: "Se alguém quer me seguir, mas não odeia seus familiares, não pode ser meu discípulo". No aramaico, a língua falada por Jesus, não existia a expressão "amar menos", que era substituída por "odiar". Portanto, Jesus não exige que odiemos os familiares para poder segui-lo. O que ele pede é prioridade para ser discípulos dele.

5. Jesus falava grego?

Provavelmente não. Ou talvez conhecesse algumas palavras. Esse fato levanta uma questão: como harmonizar os Evangelhos, escritos em grego, com a fala de Jesus em aramaico? O problema deixa de existir se acreditamos que não existe ruptura entre Jesus e seus seguidores. Além disso, nenhum evangelista tinha a intenção de trair Jesus e sua mensagem.

6. Quando foi escrito o Evangelho de Marcos?

O Evangelho de Marcos foi escrito por volta do ano 68, quase quarenta anos depois da ressurreição de Jesus. Nessa época, a terra de Jesus estava sendo duramente dominada pelo exército romano. Era o tempo da assim chamada "guerra judaica", que terminou com a destruição da capital, Jerusalém, no ano 70. Notamos aqui um detalhe importante: antes de ser escrito, o Evangelho de Marcos (e também os demais) foi longamente meditado, pregado, vivenciado.

7. Antes de Marcos não havia nada escrito sobre Jesus?

Todas as cartas de Paulo foram escritas antes do Evangelho de Marcos. Além disso, circulavam nas comunidades pequenos resumos das palavras mais importantes de Jesus. Ao escrever seu Evangelho, Marcos serviu-se desses resumos escritos.

8. Podemos dizer que Marcos não escreveu sozinho o Evangelho?

Claro que sim. Cada um dos evangelistas escreveu a partir de uma comunidade e para as comunidades. Se de fato Marcos foi o intérprete de Pedro, podemos afirmar que ele foi o porta-voz das comunidades ligadas a Pedro. Os Evangelhos são retratos de Jesus e das comunidades que seguiram os passos dele.

9. Onde foi escrito o Evangelho de Marcos?

Tradicionalmente, associou-se Marcos a Pedro e, pelo fato de Pedro ter vivido em Roma, essa cidade teria sido o lugar onde esse Evangelho foi escrito. Todavia, alguns estudiosos são da opinião que esse Evangelho teria nascido na Galileia, região da atividade de Jesus.

10. Isso faz alguma diferença?

O lugar de seu surgimento pode reforçar alguns aspectos. Por exemplo: quem conhece Roma sabe que brota água potável a cada passo. Isso não acontece na terra de Jesus. Dar um copo d'água a alguém se torna, então, um gesto simples e até banal, mas que não passa despercebido a Deus (veja Mc 9,41). Suponhamos que tenha surgido na Galileia: será, então, necessário não perder de vista a dominação romana naquele lugar. Outro exemplo: tente ler o episódio de Jesus e a mulher siro-fenícia (7,24-30), moradora da região vizinha da Galileia.

11. O que são Evangelhos sinóticos?

São os Evangelhos de Marcos, Mateus e Lucas. São chamados assim porque têm muitos episódios semelhantes. Por exemplo: a parábola do semeador se encontra em Marcos

4,1-9, Mateus 13,1-9 e Lucas 8,4-8. Ela é praticamente igual nos três Evangelhos, de modo que podemos colocá-la em três colunas semelhantes.

12. Por que começar pelo Evangelho de Marcos?

Por ser o mais antigo de todos e pelo fato de ter servido de base para Mateus e Lucas. É também o mais breve dos três Evangelhos sinóticos.

13. Por que o Evangelho de Marcos fala tão pouco de Maria e nada da infância de Jesus?

Entre o surgimento de Marcos – por volta do ano 68 – e o surgimento de Mateus e Lucas, temos um intervalo de mais ou menos quinze anos. Isso leva a crer que para Marcos e suas comunidades não havia tanto interesse na infância de Jesus, ao contrário do interesse e das necessidades das comunidades ligadas a Mateus e a Lucas, quinze anos depois.

14. É verdade que o final atual de Marcos não pertencia ao texto primitivo?

Sim. Marcos 16,9-20 foi acrescentado bastante tempo depois, talvez para suavizar o final original provocador. De fato, ele terminava com um grande desafio: encontrar o Ressuscitado na Galileia. Mas as mulheres, encarregadas desse recado aos discípulos, não contaram nada a ninguém, por estarem cheias de medo (16,8). Os versículos 9-20 são uma espécie de colcha de retalhos feita de informações tiradas dos outros Evangelhos e dos Atos dos Apóstolos.

15. Quem governava a Palestina no tempo de Jesus?

Após a morte de Herodes, o Grande (ano 4 antes de Cristo), a Palestina foi dividida em três regiões: Galileia ao norte,

Samaria no centro e Judeia ao sul. Seu filho Arquelau governou a Judeia e a Samaria até o ano 6 depois de Cristo; Herodes Antipas tornou-se rei da Galileia e governou até o ano 39 depois de Cristo. É o Herodes que mandou matar João Batista e que esteve envolvido na condenação de Jesus à morte. Do ano 6 em diante, a Judeia e a Samaria passaram a ser administradas por governadores romanos. Pilatos governou do ano 26 ao 36. Foi ele que permitiu Jesus ser crucificado.

16. Quem eram os fariseus?

A palavra "fariseu" significa "separado". Era um grupo de judeus nascido cerca de dois séculos antes de Jesus e que se distinguia pela prática rigorosa e escrupulosa da Lei. Em toda a Palestina, não chegavam a nove mil pessoas. Por serem praticantes rigorosos da Lei, resumida em 613 mandamentos, consideravam-se melhores do que os outros e mais próximos de Deus. Acreditavam que, quando todos fossem como eles, Deus enviaria o Messias como prêmio por sua retidão. Desprezavam os pobres e doentes, considerando-os como punidos por Deus por não praticarem a Lei. Faziam nítida distinção entre puro e impuro, com uma série de ritos de purificação exterior.

l7. O que era a religião do puro e do impuro?

Depois que os judeus voltaram do exílio na Babilônia (538 anos antes de Jesus nascer), Deus foi sendo afastado sempre mais da vida das pessoas. E para chegar a ele era necessário cumprir uma série de ritos de purificação, a fim de não irritá-lo. Muitos desses ritos fazem parte de um livro do Antigo Testamento chamado Levítico. Os fariseus levaram ao extremo a prática dessas leis e ritos, dando origem a um tipo de religião que se interessa sobretudo pela pureza exterior da pessoa. Por esse motivo são criticados por Jesus e chamados de falsos (veja o começo do capítulo 7 de Marcos e o capítulo 23 de

Mateus). A religião do puro e do impuro se interessa sobretudo pelo aspecto externo, sem levar em conta o mais importante: o interior da pessoa. Do ponto de vista dos alimentos, por exemplo, Jesus declarou que todos eles são puros, pois a contaminação nasce de dentro do ser humano.

18. Quem eram os doutores ou mestres da Lei?

Os doutores ou mestres da Lei – também chamados de escribas – surgiram bem antes que os fariseus. Eram as pessoas mais instruídas no conhecimento e na prática da Lei. Davam sustentação jurídica ao Sinédrio, pois conheciam muito bem toda a legislação do povo judeu. Por isso presidiam os pequenos tribunais espalhados pela Palestina, julgando o povo. Presidiam também as sinagogas, onde doutrinavam as pessoas. Junto com os fariseus, são os maiores adversários de Jesus nos Evangelhos. Ele os chama de falsos, acusando-os de devorar os bens dos mais pobres (por exemplo, as viúvas) com a desculpa da religião.

19. O que era o Sinédrio?

Sinédrio era o Supremo Tribunal dos judeus no tempo de Jesus. Tinha sua sede junto ao Templo, em Jerusalém. Era composto por cerca de setenta pessoas e presidido pelo Sumo Sacerdote, cuja presidência no tempo de Jesus era fruto de negociação com os dominadores romanos. Participavam do Sinédrio os membros mais ricos e poderosos da sociedade judaica como, por exemplo, os Anciãos. O Sinédrio e Pilatos são os responsáveis diretos pela morte de Jesus. Nessa ocasião, o Sumo Sacerdote chamava-se Caifás. Seu antecessor foi Anás, seu sogro, que o manipulava. Por essas e outras informações, pode-se perceber como no Sinédrio havia jogo de interesses.

20. O que é a sinagoga?

Sinagoga é uma palavra grega para designar o local em que os judeus se reúnem para a oração. As sinagogas começaram a existir cinco séculos antes do nascimento de Jesus. Muitas delas funcionavam também como lugar de alfabetização, para que os meninos aprendessem a ler a Lei. No tempo de Jesus, havia sinagogas espalhadas por toda a Palestina. No Evangelho de Marcos encontramos forte oposição entre sinagoga e casa. Isso se deve ao fato de as sinagogas serem controladas pelos doutores da Lei, adversários de Jesus. A partir do capítulo 6 de Marcos, Jesus não frequenta mais esse local de oração e de encontro das pessoas.

21. O que é Evangelho?

O sentido primitivo dessa palavra é gorjeta. Era usada naquele tempo para recompensar o portador de boas notícias, uma espécie de "cafezinho" ou "caixinha" que damos ao carteiro em certas ocasiões. Marcos foi o primeiro a usar essa palavra como forma de expressar acontecimentos. Foi assim que "evangelho" veio a significar "boa notícia". Ele tinha uma grande boa notícia a comunicar e, por isso, escreveu o primeiro evangelho: a boa notícia era a pessoa de Jesus, suas palavras e seus atos. Evangelho é, portanto, um modo, um gênero literário pelo qual se comunica uma boa notícia. Não se deve, pois, supervalorizar o modo como isso é feito; é preciso, antes, não perder de vista o conteúdo, a novidade, a boa notícia. Façamos um exemplo: talvez você nunca se tenha perguntado de onde vem a energia elétrica que existe em sua casa, se vem de uma hidroelétrica, ou de uma usina nuclear, ou é energia solar, eólica etc. Mas você se interessa se de repente faltar força em sua casa. Algo semelhante acontece com o Evangelho: é preciso prender-se sobretudo à mensagem, deixando em segundo plano a roupagem, ou seja, o modo como a mensagem é transmitida.

22. Como vivia o povo judeu no tempo de Jesus?

Do ponto de vista político, os judeus foram dominados pelos romanos desde o ano 64 antes de Jesus nascer. Além de perder a liberdade, os judeus foram dominados economicamente mediante a pesada cobrança de taxas e tributos, que sugavam a vida do povo. Por essas breves informações, percebemos que a vida do povo judeu era extremamente difícil.

23. Quem eram os cobradores de impostos?

Os cobradores de impostos – também chamados de publicanos – eram judeus que cobravam as taxas em nome dos dominadores romanos. O povo os odiava, pois colaboravam com a dominação estrangeira e a exploração econômica. Os dominadores não pagavam salário aos cobradores de impostos, que tinham de "se virar". E eles o faziam cobrando a mais, a fim de garantir sua sobrevivência. Eram acompanhados por soldados, que pela repressão "convenciam" as pessoas a pagar a quantia que os cobradores quisessem. Entre os seguidores de Jesus há um cobrador de impostos, Mateus, também chamado Levi. O Evangelho de Lucas menciona um chefe dos cobradores de impostos de nome Zaqueu e diz que era muito rico.

24. Do que vivia o povo judeu no tempo de Jesus?

Basicamente da agricultura, da pecuária, da pesca, do artesanato e do comércio. Na agricultura cultivavam trigo, cevada, legumes, frutas etc. Na pecuária cuidavam de camelos, vacas, ovelhas e cabras. O peixe, abundante no lago de Genesaré e no Rio Jordão, alimentava diariamente muitas pessoas. Notemos um detalhe importante: a Palestina é formada de montes e vales. Os vales são muito férteis e, no tempo de Jesus, pertenciam aos ricos. Sobravam para os pobres os morros e as montanhas como lugar de cultivo de uma agricultura de subsistência.

> **Faça um teste**
> Abra a Bíblia, leia a parábola do semeador em Marcos 4,1-9 e descubra como eram as terras dos pequenos agricultores nas montanhas da Galileia.

II. OLHANDO O EVANGELHO DE MARCOS DE LONGE

O modo como o Evangelho de Marcos está organizado é importante para compreender esse livro. Suponhamos que tenhamos de subir ao topo de uma montanha e descer pelo lado oposto. Assim é o Evangelho de Marcos em sua organização. Tem um ponto de partida, um topo e um ponto de chegada praticamente iguais e que nos dão uma importante chave de leitura.

O ponto de partida está em 1,1. O topo, ou seja, a metade do livro, encontra-se em 8,27-30. O ponto de chegada está em 15,39.

Repare as semelhanças entre a partida, o topo e a chegada: 1,1: "Começo da boa notícia de Jesus, **o Messias**, *o Filho de Deus*". 8,27-30 "...Tu és **o Messias**...". 15,39: "De fato, esse homem era *Filho de Deus*". O Evangelho de Marcos quer mostrar que Jesus é o Messias, o Filho de Deus.

> **O que significa a palavra Messias?**
> Messias é uma palavra hebraica. Seu correspondente em grego e em português é Cristo. Significa "ungido". No Antigo Testamento, ungidos eram, sobretudo, os reis. Faça um teste: leia Marcos 1,15 e veja qual a relação entre a palavra Messias e aquilo que Jesus anuncia. Faça outro teste: leia o Salmo 2,7, que tem como figura central a pessoa de um rei, e compare com o título de "Filho de Deus" dado a Jesus pelo Evangelho de Marcos.
> No tempo de Jesus havia muita expectativa em torno da vinda do Messias, mas sempre visto como guerreiro poderoso e rico. Daí a incompreensão e rejeição de Jesus por parte de muitos.

A subida e a descida da montanha têm características próprias e diversas paradas. Na subida: primeira parada após 1,13; segunda parada: após 3,6; terceira parada: após 6,6; quarta parada, no topo (8,27-30). Na descida: primeira parada: no final do capítulo 10; segunda parada: no final do capítulo 13; terceira parada: após 16,8.

Mas justamente aqui é que Marcos nos surpreende: chegando ao final de seu Evangelho, ele nos provoca da seguinte maneira: vocês querem se encontrar com Jesus ressuscitado e vencedor da morte? Voltem para a Galileia. Lá vocês vão encontrá-lo.

Por que voltar para a Galileia? Porque foi lá que Jesus viveu e fez quase todos os milagres narrados por Marcos (compare 16,7 com 1,14).

A subida da montanha tem como uma de suas principais características a ação de Jesus traduzida em milagres. A descida, ao contrário, quase não narra milagres. É que Jesus está preocupado em ensinar seus discípulos (veja 9,30-31).

> **Exercício**
> Percorra a subida da montanha (1,14-8,26) e anote os milagres realizados por Jesus. Compare com os milagres realizados na segunda parte.

III. OS FIOS COLORIDOS DO EVANGELHO DE MARCOS

O Evangelho de Marcos é como um tecido colorido. Os fios vão se entrelaçando até formar um quadro harmonioso. A falta de um deles prejudica todo o tecido. Examiná-los um a um só tem sentido quando o fazemos em vista do todo. Vamos ver alguns desses fios coloridos que percorrem todo o texto. Juntos formam o Evangelho de Marcos, que, segundo muitos estudiosos, serviu de catecismo de iniciação cristã para os primeiros seguidores de Jesus. Os adultos que se preparavam para o batismo iam pouco a pouco entrando em contato com aquele que daria novo sentido e novo rumo para a vida deles.

1. *Quem é Jesus?* Essa é a pergunta fundamental que percorre todo o Evangelho. Passo a passo, Marcos vai mostrando, sobretudo mediante milagres, quem é Jesus. Não devemos ter pressa em responder plenamente a essa pergunta, pois só será completada ao final do Evangelho, depois que Jesus passou pela cruz, morte e ressurreição. Um episódio isolado não diz tudo aquilo que ele é e representa. É como montar um mosaico, pedra por pedra. Cada episódio é uma pedra que vai completando o quadro, ou seja, respondendo à pergunta. Exemplo: 1,1: "Começo da boa notícia de Jesus, o Messias, o Filho de Deus". Nessa breve introdução, Marcos já nos fez ver muitas coisas: Jesus é uma boa notícia, é o Messias, é o Filho de Deus. Você pode ir lendo o Evangelho e anotando todas as informações acerca de quem é Jesus, sobretudo a partir dos milagres realizados por ele.

Por que Jesus pede silêncio acerca de sua pessoa?
Em várias passagens do Evangelho de Marcos, Jesus pede às pessoas que não falem nada a respeito de sua identidade. Às vezes, manda até os espíritos maus calarem a boca. Por quê? A resposta é ampla. Em primeiro lugar, porque o retrato de Jesus só estará completo após sua morte e ressurreição. Em segundo lugar, não é bom que ele seja identificado pelos espíritos maus; essa é tarefa dos discípulos, que relutam em descobrir a verdadeira face do Mestre. Em terceiro lugar, Jesus não quer ser confundido com a imagem tradicional do messias poderoso e guerreiro. E, às vezes, até se esconde (veja, por exemplo, 7,24).

2. *Quem é o seguidor de Jesus?* Ao lado da primeira pergunta, surge essa, igualmente importante. O adulto que se preparava para receber o batismo e assim tornar-se cristão ia, passo a passo, descobrindo sua identidade de discípulo de Jesus. Mas também aqui não é preciso ter pressa. Também o retrato do seguidor de Jesus só será completo depois de ter passado pelas mesmas coisas enfrentadas pelo Mestre. Mais ainda: quando chegamos ao final do Evangelho, somos convidados a voltar à Galileia e fazer as mesmas coisas que Jesus fez em favor da vida. Nesse momento o retrato do seguidor de Jesus estará completo.

3. O tema da cegueira. Desde o começo, o espírito impuro (ou espírito mau, ou demônio etc.) sabe *quem é Jesus* (1,24). Os discípulos, porém, sofrem de ignorância crônica acerca dessa pergunta. Lutam e relutam para descobrir a identidade do Mestre, pois querem um messias feito à imagem e semelhança deles e dos próprios interesses, em vez de se conformarem às exigências de Jesus. Em outras palavras, os discípulos são cegos, não no sentido físico, mas no sentido da incapacidade de quebrar preconceitos e de superar barreiras. Por isso a importância da segunda parte ou descida da montanha; nela Jesus ensina os discípulos de modo personalizado.

4. *"Começar de novo..."* O Evangelho de Marcos é apenas o começo de uma longa caminhada. Ele se inicia justamente com esta palavra: começo (1,1). Além de recordar o início da Bíblia (veja Gn 1,1), o Evangelho de Marcos nos lembra que a vida é um constante começar. É igual ao acordar de manhã: faça chuva ou faça sol, é hora de recomeçar. É igual ao depois de almoçar: é hora de lavar a louça e pensar no jantar. E assim por diante, em qualquer situação: estamos sempre recomeçando. O Evangelho de Marcos apresenta vários começos, por exemplo, 1,21; 4,1 etc. É preciso estar atento a essas retomadas, porque geralmente trazem preciosas indicações. O mais interessante é isto: quando chegamos ao final do Evangelho (16,7), somos provocados a voltar à Galileia e começar tudo de novo.

5. *O tema do deserto.* O deserto teve um papel importante na vida do povo da Bíblia. O mesmo acontece no Evangelho de Marcos. No Antigo Testamento, deserto significava tempo de preparação para uma grande novidade. Em outras palavras: foi no deserto que os hebreus se prepararam para conquistar a Terra prometida. O deserto, portanto, representava a gestação de uma boa notícia. Isso acontece também no Evangelho de Marcos: João Batista se apresenta no deserto, pregando um batismo que levava as pessoas a se prepararem para acolher a grande novidade, o Messias (1,4-5). O próprio Jesus, para fugir da popularidade fácil, retirou-se para um lugar deserto (1,36). E foi em um lugar deserto que Jesus ensinou a partilhar os bens que sustentam a vida, de modo que ninguém passasse necessidade (6,31-32. Compare o episódio dos pães – 6,30-44 – com o capítulo 16 do livro do Êxodo).

6. *O tema da casa.* No Evangelho de Marcos existe uma tensão entre sinagoga e casa. O começo de Jesus na sinagoga (1,21-28) foi brilhante, e espetacular sua aceitação. Mas, logo em seguida, o Mestre foi rejeitado na sinagoga, e nunca mais a frequentou (veja 6,1-6). O abandono da sinagoga se deve à crítica amarga e destruidora dos doutores da Lei, que "fizeram a cabeça" das pessoas contra Jesus (veja 3,20-22). Ao contrário da sinagoga, a casa é o lugar onde Jesus é bem acolhido e se encontra à vontade, desde a primeira vez em que aparece o tema "casa" (1,29). Mais ainda: aonde quer que Jesus vá, também no exterior, tem sempre uma casa à disposição (7,24; veja também o que ele promete a seus seguidores em 10,29).

> **O que Jesus fez antes de começar a pregação do Reino?**
>
> O Evangelho de Marcos é o único a dizer que Jesus era conhecido como "o carpinteiro" (6,3). Em grego, a palavra "carpinteiro" se diz *tekton*. Esse termo não significa apenas carpinteiro, mas também serralheiro e pedreiro. Jesus, portanto, foi alguém que trabalhou com madeira, ferro, pedras ou tijolos. Justino, um mártir cristão, nasceu na terra de Jesus por volta do ano 90. Ele escreveu um livro chamado "Diálogo com Trifão". Nesse livro, afirma que Jesus fabricava cangas para bois e arados. Nazaré,

aldeia onde Jesus cresceu e trabalhou como *tekton*, certamente não tinha trabalho suficiente para ele. Provavelmente, ele deve ter percorrido a pé a Galileia em busca de "bicos" para seu sustento. Se esse fato for verdadeiro, entende-se melhor como, anos mais tarde, pregando o Reino pela Galileia e fora dela, encontrou "casa" aonde quer que fosse.

7. *Demônios e doenças.* No Evangelho de Marcos, Jesus declara guerra, sem tréguas, aos dois piores inimigos do ser humano: os demônios (também chamados de espíritos maus, espíritos impuros etc.) e as doenças. Esses dois inimigos do ser humano são os que mais desfiguram as pessoas, criadas à imagem e semelhança de Deus (veja Gn 1,26). As doenças paralisam o ser humano, muitas vezes levando-o à morte; os demônios impedem as pessoas de serem elas mesmas, de terem a própria opinião e de contribuírem para o bem de todos. O primeiro milagre de Jesus (1,21-28) é justamente a expulsão de um espírito mau. Dado interessante: o espírito mau declara que com Jesus chegou a ruína deles todos (1,24: "Vieste para nos destruir?"). E o segundo milagre de Jesus é a cura de uma doente, a sogra de Simão (1,29-31).

Demonização

Alguns grupos cristãos veem demônios por todos os cantos. Quem não pensa como eles é porque têm um demônio. A isso damos o nome de demonização. Essas pessoas, lendo ao pé da letra os milagres de Jesus contra os demônios, desaconselham até a medicação e os serviços sanitários. O que pensar disso? No tempo de Jesus, tudo aquilo que a frágil ciência não conseguia explicar era atribuído à ação do demônio. Por exemplo: a febre, a epilepsia e outras doenças eram fruto de possessão demoníaca. Hoje, as coisas são diferentes. A febre é um sintoma de algo mais profundo e deve ser tratada com cuidados médicos. O mesmo se diga de todas as doenças. Contudo, permanece na sociedade a presença e a ação do mal. Mas,

> como no tempo de Jesus, também hoje o mal não está solto nos ares, e sim enraizado em opções políticas, sociais e econômicas que impedem ao povo o acesso à vida plena. Diante disso, podemos perguntar: como eliminar "o demônio" da miséria, das doenças, das catástrofes ambientais etc.?

Os fios coloridos que compõem o tecido do Evangelho de Marcos são muitos. Você pode descobrir e aprofundar outros, por exemplo: o mar, o sábado, as mulheres etc.

IV. OLHANDO DE PERTO A SUBIDA À MONTANHA (1,1-8,30)

Os treze primeiros versículos servem de introdução e de apresentação do Messias. Sublinhamos alguns aspectos:

1. *A figura de João Batista* (1,2-8). Ele é apresentado como mensageiro e preparador do povo para acolhida do Messias. Chamam a atenção sua dieta e seu traje. O modo como vive e se veste contrasta com o luxo e o requinte do palácio de Herodes Antipas, rei da Galileia, responsável pela morte desse profeta (compare com 6,14-29). O modo de se vestir identifica João Batista com um dos mais importantes profetas do passado: o profeta Elias, que, em seu tempo, reconduziu o povo de volta ao culto do Deus de Israel (compare com 2Rs 1,8). Pregando um batismo de conversão no *deserto*, João Batista se assemelha a Moisés, no deserto, preparando e organizando o povo para receber a boa notícia: a chegada de Jesus Messias.

2. *O batismo de Jesus* (1,9-11). O batismo de Jesus é sua investidura como Messias e Filho de Deus (compare com 1,1). Note um detalhe: o Espírito desce sobre ele *depois* que saiu da água. O céu se rasgando é o cumprimento de um antigo desejo expresso pelo profeta Isaías. Ele pedia a Deus: "Oxalá rasgasses o céu para descer". Esse desejo está realizado na pessoa de Jesus. A voz vinda do céu é a própria voz de Deus-Pai. Ele declara

que Jesus é o Messias Rei ao afirmar "Tu és o meu Filho querido" (compare com Salmo 2,7). O resto da fala de Deus ("em ti encontro o meu agrado") é uma citação do início do capítulo 42 do profeta Isaías. Com ela, Jesus é identificado como o Messias que veio para servir (compare com Isaías 42,1-2).

***

1,14-3,6 se caracteriza pela cegueira das lideranças judaicas. Também aqui sublinhamos apenas alguns aspectos.

1. *As primeiras palavras de Jesus* (1,15). Em cada Evangelho, o registro das primeiras palavras de Jesus é muito importante. Em Marcos (1,15), ele afirmou três coisas. Em primeiro lugar, garantiu que o tempo da espera do Messias acabou. A longa expectativa do povo viu, finalmente, sua realização: o Messias chegou! Em segundo lugar, Jesus anunciou que o reinado de Deus estava para começar. Ele não disse, como em outros Evangelhos, que o reinado de Deus já chegou. O motivo é simples: Deus vai instaurando seu reinado no mundo à medida que Jesus vai devolvendo vida a quem não tem vida (milagres). Esse processo ainda não terminou: ele continua nas palavras e ações dos que se tornam seguidores de Jesus. Em terceiro lugar, Jesus pediu mudança de mentalidade e adesão total a ele. Só assim sua palavra e ação se tornariam boa notícia.

2. *Um dia com Jesus* (1,21-34). Era sábado, dia de ir à *sinagoga* para ouvir a Palavra de Deus e rezar. Marcos nos mostra o que Jesus fez no dia sagrado, dia especial para a prática da religião. O dia de Jesus teve três momentos e lugares: na sinagoga, na *casa* de Simão e no pátio da casa ao entardecer. Em cada um desses lugares realizou milagres: na sinagoga, expulsou de um homem um espírito mau, que reconheceu a chegada da ruína de todos os que ele representava; na casa de Simão, curou uma mulher, que logo se pôs a servi-lo; no pátio

da casa, onde estava presente toda a população da cidade, curou doentes e expulsou demônios. Notemos um detalhe: as curas e exorcismos eram proibidos em dia de sábado, pois caracterizavam trabalho. Jesus pôs o ser humano – homem e mulher indistintamente – como centro da religião e do dia sagrado. A reação dos *doutores da Lei* logo se fez notar. Mas o povo percebeu estar diante de algo novo (1,22).

3. *Quatro perigosos "por quê?" contra Jesus* (2,1-28). Em quatro episódios revela-se a cegueira das lideranças judaicas. Os dois primeiros aconteceram em uma casa. No primeiro, Jesus curou um paralítico, perdoando-lhe os pecados. A reação dos *doutores da Lei* foi imediata. Surgiu assim o primeiro e perigoso por que, pois somente Deus é que poderia perdoar pecados. Ao mesmo tempo que recebemos preciosa informação de Marcos acerca de quem é Jesus, percebemos igualmente que ele corre sério perigo, sendo acusado de blasfêmia. E, de acordo com Levítico 24,16, o blasfemador é réu de morte. O segundo "por quê?" acontece na casa de Levi, mais conhecido como Mateus, durante uma refeição. A crítica parte dos *fariseus*, rigorosos defensores da *religião do puro e do impuro*. Para eles, Jesus estava acabando com a religião. O terceiro "por quê?" envolve a questão do jejum, prática de piedade religiosa muita apreciada pelos *fariseus*. Rigorosamente falando, nesse Evangelho, Jesus aboliu a prática do jejum, pois seria praticado somente naquelas poucas horas em que ele, o noivo, foi retirado da festa de casamento. O quarto "por quê?" vem dos *fariseus* e acontece em dia de sábado. Jesus defendeu os discípulos, que, para matar a fome, violaram o descanso nesse dia. A situação era dramática, pois o descanso no sábado significava o compromisso do povo com os dez mandamentos. Transgredir esse preceito acarretava pena de morte (veja Êx 31,14). O desfecho desses quatro perigosos "por quê?" se torna claro em 3,6: "saindo da sinagoga, fariseus e partidários de Herodes tramam a morte de Jesus".

> **Para continuar aprofundando**
> Leia 3,1-6 e descubra outros detalhes ligados ao tema da cegueira das lideranças.

***

Marcos de 3,7 a 6,6 ressalta a cegueira do povo, judeu ou não. Também aqui destacamos alguns aspectos:

1. *O que é ser discípulo de Jesus?* (3,7-19). A formação do grupo dos Doze se dá em um contexto amplo, em que há gente do sul, do norte e do leste, ou seja, uma multidão vinda de todos os lados e cheia de sofrimentos (3,7-13). Nesse contexto, Jesus escolhe colaboradores e cria o grupo dos Doze com estas finalidades: ficar com ele, ou seja, desfrutar de sua intimidade, ser enviados a pregar e ter autoridade sobre os demônios. Nota-se logo que os Doze têm a mesma missão de Jesus, isto é, a missão de devolver as pessoas a si próprias, integrando-as na vida normal. Marcos cita o nome dos Doze. Há nomes gregos e nomes hebraicos; há diversidade de profissão, de cultura e de opção política, pois pelo menos um deles é defensor da luta armada.

> **Exercício**
> 1. Veja a acusação dos *doutores da Lei* contra Jesus e compare com as reações do povo na sinagoga de Nazaré (6,1-6). O que você acha das reações do povo: são elogios ou são fruto das acusações dos doutores da Lei?
> 2. Compare a missão dos Doze (3,14-15) com 9,14-29.

2. *A cegueira dos familiares de Jesus* (3,31-35). Até os parentes de Jesus pensam que ele ficou louco (3,21). Sua mãe e seus irmãos *estão fora da casa* em que Jesus anuncia o reinado de Deus presente em suas palavras e seus atos. No Evangelho de Marcos, também a mãe de Jesus passa por um processo de disci-

pulado crescente. De fato, trata-se de "entrar na casa", ou seja, dar plena adesão a Jesus, o Messias.

> **E os irmãos de Jesus?**
> Em Marcos 3,31, diz-se que a mãe e os irmãos de Jesus "estão fora" da casa e o procuram. Muito se especulou acerca dos irmãos de Jesus. O que Marcos tem a dizer? Em 6,3, na sinagoga de Nazaré, o povo diz: "por acaso esse homem não é o carpinteiro, o filho de Maria e irmão de Tiago, de Joset, de Judas e de Simão? Por acaso não moram aqui conosco as irmãs dele?" Note-se o detalhe: Jesus é definido como "o" filho de Maria (algumas Bíblias evitam esse artigo definido). Não seria uma comprovação de que ele é o único filho de Maria? Tiago e Joset são identificados como "irmãos" dele. Ora, em 15,40, fala-se de uma Maria que é mãe de Tiago e de Joset e que não é certamente a mãe de Jesus.

3. *A cegueira dos não judeus* (5,1-20). A região dos gerasenos é território dos pagãos. Lá Jesus encontra um homem em estado lastimável: não tem roupa para se vestir (perda dos bens), vive afastado da família (exclusão social), mora em cemitério (para os judeus é lugar de impureza e de exclusão religiosa), machuca-se com pedras (é doente mental) e o demônio não lhe permite expressar a própria vontade (perda de liberdade). Está possuído por Legião (dominação política, pois uma legião romana – mais de 6.600 soldados – dominava a região). Na crença do povo, os espíritos maus (ou impuros), bem como os demônios, precisam de um corpo onde entrar e poder agir. E Jesus não vacila em mandar Legião aos porcos para salvar e libertar uma só pessoa. Os gerasenos, porém, lamentam o prejuízo, pois os cerca de dois mil porcos se afogam no lago. Para eles, o homem está em função da economia, e não vice-versa. E Jesus é mandado embora do território pagão.

> **Continuando a pensar**
> Descubra em 3,7-6,6 outros detalhes importantes do tema da cegueira. Veja como, no episódio do homem geraseno, Marcos responde à pergunta "Quem é Jesus?"

***

Marcos de 6,7 a 8,26 pode ser lido com esta chave: a cegueira dos discípulos. Damos, em seguida, algumas pistas:

1. No Evangelho de Marcos, temos duas vezes o episódio da partilha dos pães e dos peixes (impropriamente chamada de "multiplicação"): 6,30-44, em território judaico, e 8,1-9, entre os não judeus. Nos dois casos, revela-se a cegueira dos discípulos. No primeiro, pedem a Jesus que despeça o povo com fome, a fim de que vá comprar comida. E note-se: o lugar é *deserto*. No segundo, novamente em lugar *deserto*, manifestam a certeza de que a fome do povo não tem solução: há muito pouco para saciar multidões.

2. Logo adiante, os próprios discípulos não têm pão suficiente (veja 8,14-21). As palavras de Jesus são muito duras. Em primeiro lugar, ele os alerta para que não aceitem o modo de ver dos *fariseus* e de *Herodes*. A seguir, lamenta que eles tenham a consciência (coração para os judeus) endurecida, como a do Faraó no tempo de Moisés. Critica-os por não terem visão profunda dos fatos e por não prestarem atenção à proposta de Jesus. Em síntese, os discípulos não compreendem.

3. Encerrando a subida da montanha e sublinhando novamente o tema da cegueira, Marcos narra a cura de um *cego* (8,22-26). A cura acontece por etapas: o cego não vê nitidamente, a ponto de confundir pessoas e árvores (é uma espécie de resumo da cegueira na primeira parte do Evangelho). Em seguida, mediante nova ação de Jesus, enxerga perfeitamente (é o objetivo da segunda parte de Marcos).

> **Exercício**
> Procure em 6,7-8,26 outras informações acerca desse tema. Além disso, responda às duas perguntas fundamentais de Marcos: "quem é Jesus?" e "quem é o discípulo de Jesus?"

V. OLHANDO DE PERTO A DESCIDA DA MONTANHA (8,31-16,8)

A descida da montanha se caracteriza pela quase ausência de milagres, pelo ensinamento personalizado de Jesus aos discípulos (10,30-31), pelo confronto com as lideranças judaicas em Jerusalém (capítulos 11 e 12), pelo ensinamento acerca do fim do Templo de Jerusalém, pelo fim da história (capítulo 13) e pela narração da paixão, morte e ressurreição de Jesus. Também aqui, apenas algumas indicações.

1. *Os três anúncios da paixão, morte e ressurreição de Jesus* (8,31-10,52). Marcos apresenta três anúncios da morte e ressurreição de Jesus. Com isso, o Mestre quer ensinar aos discípulos o modo novo de ver e de seguir o Messias. Mas a cegueira dos discípulos continua, pois, após cada anúncio, encontramos uma reação totalmente oposta, fato que provoca uma catequese por parte de Jesus. Vamos ver isso de perto. O primeiro anúncio está em 8,31-32 e vem imediatamente após a declaração de Pedro a respeito de Jesus: "Tu és o Messias". Mas, quando Jesus mostra que o caminho do Messias passa pela rejeição das autoridades políticas e religiosas, pela morte para chegar à ressurreição, Pedro reage duramente contra o tipo de Messias que é Jesus. E Jesus repreende a Pedro, chamando-o de Satanás. O segundo anúncio da morte e ressurreição de Jesus se encontra em 9,31. A reação dos discípulos não podia ser mais estranha: discutem entre eles acerca de quem é mais importante (9,32-34). O terceiro anúncio está em 10,33-34. E também aqui a reação dos discípulos contrasta com o caminho de Jesus: Tiago e João pedem os dois mais importantes lugares no Reino de Deus, e os outros dez ficam furiosos porque os dois tiveram o cinismo de fazer tal pedido.

2. *O verdadeiro discípulo* (10,46-52). O último milagre de Jesus antes de entrar em Jerusalém é a cura do cego de Jericó. O episódio está muito bem localizado, pois, após tantas cegueiras, um cego, sem ser convidado, sem nunca ter estado com Jesus, é curado e livremente se põe a segui-lo na etapa mais difícil da caminhada, que acontecerá em Jerusalém. Aquilo que faltava aos discípulos – fé, determinação, seguimento – sobra na vida desse cego. Ele não se intimida com os que o querem calado, clama a Jesus Messias (filho de Davi), liberta-se em um salto de seu passado de mendigo, expressa sua fé em Jesus e o segue espontaneamente no caminho.

> **Para saber mais**
> Leia 8,31-10,52 e descubra outros detalhes. Preste muita atenção a 9,38-40.

***

A partir do capítulo 11, Jesus está em Jerusalém, centro do poder econômico, político e religioso dos judeus. Nela está o Templo, que funciona também como Banco Central. Nela mora *Pilatos*, governador romano da Judeia e Samaria, autoridade máxima na região. Nela está a sede do *Sinédrio*, o Supremo Tribunal dos judeus. Jesus acusa o pessoal do Templo de ter transformado a casa de oração em uma toca de ladrões. Acusa aqueles que o acusarão e o condenarão à morte: os chefes dos sacerdotes, os doutores da Lei, os Anciãos, os partidários de Herodes... ou seja, as lideranças. E anuncia que o Templo será destruído, mas isso não será o fim do mundo.

> **Exercício**
> Leia novamente 8,31 e 10,33. Anote os grupos acusados de responsáveis pela morte de Jesus (chefes dos sacerdotes etc.). A seguir, leia os capítulos 11 e 12, observando o que Jesus diz desses grupos.

Os capítulos de 14,1 a 16,8 narram a paixão, morte e ressurreição de Jesus. Você pode ler e rezar essas cenas a partir das etapas assinaladas pelo próprio Jesus em 10,33-34:

1. Ele vai ser entregue aos chefes dos sacerdotes e aos doutores da Lei;
2. eles vão condená-lo à morte;
3. eles vão entregá-lo aos pagãos (Pilatos);
4. vão caçoar dele;
5. vão cuspir nele;
6. vão torturá-lo;
7. vão matá-lo.
8. Mas ele ressuscitará.

2
O Evangelho de Mateus

I. "...OS QUE ESTIVEREM NA JUDEIA FUJAM..." (24,16)

No ano 67, Vespasiano, general e futuro imperador romano, à frente de 60.000 soldados, ocupa e conquista a Galileia, a terra onde Jesus viveu a maior parte de sua vida. É o começo daquilo que conhecemos como "Guerra Judaica", narrada por Josefo, historiador judeu e prefeito de Jotapata, uma cidade da Galileia caída em poder dos romanos. Josefo sobreviveu para escrever a história por ter se entregado e bandeado para o inimigo.

O começo da Guerra Judaica coincide com a fuga dos cristãos da Judeia, pois as tropas romanas vão descendo em direção a Jerusalém, até conquistá-la e destruí-la no ano 70, sob o comando de Tito, filho do imperador Vespasiano.

Sendo todos de origem judaica, os cristãos da Judeia fugiram em direção ao Rio Jordão, levando consigo o que podiam, também suas memórias dos atos e das palavras de Jesus. Esses cristãos estavam ligados, sobretudo, ao antigo cobrador de impostos Mateus, um dos doze apóstolos, ao qual se atribui o Evangelho que traz seu nome.

Chegados ao vale do Jordão, os cristãos foram subindo em direção à nascente do rio. Uns se instalaram na região pagã, chamada Decápole, mais exatamente na cidade de Pela. Outros subiram ainda mais, indo morar ao norte da Galileia e sul da Síria. Desde já ficamos sabendo que o Evangelho de Mateus nascerá de grupos cristãos judeus, vivendo no estrangeiro. Esse detalhe parece importante, pois Mateus é o único evangelista a narrar a fuga da Sagrada Família para o Egito. Podemos logo afirmar que o rosto de Jesus, nesse Evangelho, tem os mesmos traços das comunidades que o transmitiram.

Vivendo como estrangeiros, esses cristãos enfrentaram todas as dificuldades e todos os conflitos, próprios de grupos forçados a emigrar: costumes diferentes, língua desconhecida, sem trabalho, sem terra, malvistos pelas populações locais etc. Lendo o Evangelho de Mateus com lente de aumento e sensibilidade, podemos detectar nele passagens confortadoras e iluminadoras diante dessas situações.

O título deste capítulo foi tirado propositalmente do Evangelho de Mateus. Vendo-se obrigados a fugir por causa da guerra e para escapar da morte, os cristãos judeus que nos deram o Evangelho de Mateus, certamente, se recordavam das palavras de Jesus, ditas quase quarenta anos antes: "Os que estiverem na Judeia fujam...".

"Vocês serão entregues à tribulação, serão mortos e odiados" (24,9)

O general Tito, futuro imperador, tomou e destruiu a cidade de Jerusalém no ano 70. Desapareceram o Templo, o Sacerdócio, os sacrifícios, o Supremo Tribunal (Sinédrio) e, praticamente, tudo aquilo que sustentava a religião dos judeus. Restaram apenas dois grupos significativos, que foram se recompondo aos poucos: os fariseus e os doutores da Lei (também chamados de escribas).

O centro dessa reorganização não era mais a cidade de Jerusalém. Esses dois grupos escolheram a cidade de Jâmnia, no litoral. Foi aí que o judaísmo renasceu, com forte apego à Lei. Entre as muitas decisões, tomadas por essas lideranças judaicas, encontramos uma que diz respeito aos cristãos que professavam a fé em Jesus Messias. Publicaram um texto chamado "As dezoito bênçãos". A décima segunda pedia a Deus que "matasse os hereges", ou seja, os cristãos que aderiam a Jesus Messias. Começou assim uma terrível perseguição contra os cristãos, mortos em nome de Deus. Isso aconteceu por volta do ano 80, quando o Evangelho de Mateus começa a ser escrito na forma que encontramos hoje.

Esse é certamente o motivo mais forte de o Evangelho de Mateus apresentar os fariseus e doutores da Lei como os piores inimigos de Jesus. O capítulo 23 é o texto mais violento contra esses dois grupos, chamando-os de assassinos e responsabilizando-os pela morte de todos os justos assassinados ao longo da história. Perguntamo-nos se são palavras do próprio Jesus ou se são reflexo das comunidades ligadas a Mateus e perseguidas por iniciativa desses dois grupos. De qualquer modo, nossa sensibilidade ecumênica e pastoral procura outros caminhos em vista do entendimento e da reconciliação.

Você sabia?
Por que o Evangelho de Mateus aparece nas Bíblias antes do Evangelho de Marcos, sendo que foi escrito depois? A razão é muito simples: aparece em primeiro lugar por ter sido o texto mais utilizado nos primeiros séculos de nossa era. Portanto, a prioridade é devida ao uso e não à data do surgimento.

"Tirar do baú coisas novas e velhas" (13,52)

Dissemos que os cristãos judeus, fugindo da guerra, levaram consigo suas memórias acerca das palavras e dos atos de Jesus. De fato, no Evangelho de Mateus encontramos muitas passagens que só ele guardou e transmitiu, como, por exemplo, a parábola dos operários desempregados contratados em vários horários para trabalhar na colheita de uvas (capítulo 20). Outros episódios são contados de modo diferente, por exemplo: os cegos de Jericó são dois (20,29-34) e não apenas um, como em Marcos (10,46-52).

Muitos textos de Mateus são tirados de Marcos, sinal de que Marcos apareceu por escrito antes de Mateus, servindo-lhe de fonte inspiradora na composição do Evangelho. É, por exemplo, o caso da "parábola do semeador" (compare Mateus 13,3-9 com Marcos 4,3-9).

Além disso, Mateus e Lucas têm uma fonte inspiradora desconhecida de Marcos. Em outras palavras, certos episódios não se encontram em Marcos, mas apenas em Mateus e Lucas. É o caso da parábola do fermento na massa. Ela só se encontra em Mateus 13,33 e Lucas 13,20-21.

Essas informações são importantes para perceber como o Evangelho de Mateus foi sendo vivido e construído até chegar a nós na forma em que se encontra.

> **Pesquisando...**
> Você mesmo pode continuar esse estudo. A maioria das Bíblias fornece "referências marginais" ou "passagens paralelas". Essa ferramenta é importante para que você perceba quando certo trecho só se encontra em um dos Evangelhos e quando é registrado também em outros. A ordem em que os Evangelhos apareceram parece ser esta: Marcos (por volta do ano 68); Mateus (em torno do ano 85); Lucas (imediatamente após Mateus); João (depois de Lucas).
>
> Marcos, Mateus e Lucas são chamados "Evangelhos sinóticos" por terem muitas passagens praticamente iguais e que podem ser colocadas lado a lado, em uma visão de conjunto. João percorre um caminho todo peculiar, tendo poucos pontos de contato com as passagens dos outros Evangelhos.

II. "EU VIM COMPLETAR A LEI" (5,17)

1. Uma homenagem ao Pentateuco

O Evangelho de Mateus é muito bem construído. Sua arquitetura é provavelmente uma homenagem ao Pentateuco, isto é, ao conjunto dos cinco primeiros livros da Bíblia, que os judeus chamam de Torá (Lei): Gênesis, Êxodo, Levítico, Números e Deuteronômio. Já vimos que as comunidades ligadas a Mateus, que nos deram o Evangelho do mesmo nome, eram de origem judaica. Tinham, portanto, muita estima pelo Antigo Testamento, suas normas e seus personagens.

Assim sendo, no arranjo final, o Evangelho de Mateus foi dividido em cinco pequenos livros, uma espécie de nova Lei. Entre uma introdução (capítulos 1 e 2) e uma conclusão (capítulos de 26 a 28), encontramos os cinco livrinhos, cada qual dividido em duas partes: uma parte *narrativa* (Mateus narra fatos) e uma parte *discursiva* (Jesus faz longas catequeses). Assim:

Primeiro livrinho: *parte narrativa:* capítulos 3 e 4; *parte discursiva:* capítulos de 5 a 7.

Segundo livrinho: *parte narrativa:* capítulos 8 e 9; *parte discursiva:* capítulo 10.

Terceiro livrinho: *parte narrativa:* capítulos 11 e 12; *parte discursiva:* 13,1-52.

Quarto livrinho: *parte narrativa:* 13,53-17,27; *parte discursiva:* capítulo 18.

Quinto livrinho: *parte narrativa:* capítulos de 19 a 23; *parte discursiva:* capítulos 24 e 25.

Aspecto interessante: as duas partes estão interligadas, uma remetendo à outra, uma explicando a outra.

2. Uma chave de leitura

É possível ler Mateus com uma chave de leitura importante. Ela é tirada das primeiras palavras de Jesus nesse Evangelho: "É nosso dever cumprir toda a justiça" (3,15). As primeiras palavras de Jesus em cada Evangelho são uma espécie de programa de vida. Portanto, em Mateus, Jesus se apresenta como o cumpridor da justiça, que faz o Reino de Deus acontecer. Em outras palavras, ele é o Mestre da justiça. Isso é demonstrado mediante ações e palavras.

Naquele tempo, havia muita expectativa em torno da vinda do Messias Rei. No Antigo Testamento, na época da monarquia (por volta do ano 1.000 até o ano 586 antes de Jesus nascer), a principal tarefa do rei era *fazer justiça*. Esse ato tinha duas dimensões ou níveis: interno e externo. Internamente, o rei devia defender os pobres da ganância e da prepotência dos poderosos; em nível internacional, o rei devia defender o povo das agressões estrangeiras.

Sendo de origem judaica, é compreensível as comunidades de Mateus insistirem muito na apresentação de Jesus enquanto Rei. É por isso, por exemplo, que o Evangelho de Mateus insiste no fato de Jesus ser descendente do rei Davi, que passou para história como rei justo. Outro exemplo: Mateus é o único a registrar a visita dos Magos, que chegaram a Jerusalém perguntando onde estava o recém-nascido rei dos judeus. Você pode ler todo o Evangelho nesta perspectiva: Jesus é o rei, que veio fazer justiça para que assim surja o reinado de Deus.

> **Comprove**
> Leia nessa perspectiva 1,1-17; 2,1-12; 4,17; 5,20; 6,33; 20,1-16; 27,11; 27,37.

Tentemos ver mais de perto essa questão. O Evangelho de Mateus pode ser comparado a um prédio com andar térreo, cinco pisos e uma cobertura. Cada um dos cinco andares possui dois apartamentos, ou seja, uma *parte narrativa* e uma *parte discursiva*. Você pode, em uma folha, fazer a maquete desse prédio. Todos os apartamentos podem ser abertos com uma única chave-mestra: a justiça do Reino. Assim:

Andar térreo (capítulos 1 e 2): Jesus é o Rei, que vai fazer justiça.

1º andar: 1º apartamento (capítulos 3 e 4: *narrativa*): com Jesus, o Reino chegou; 2º apartamento (capítulos de 5 a 7: *discurso*): o Reino é a justiça que liberta.

2º andar: 3º apartamento (capítulos 8 e 9: *narrativa*): a justiça do Reino produz sinais concretos; 4º apartamento (capítulo 10: *discurso*): os colaboradores para a justiça do Reino.

3º andar: 5º apartamento (capítulos 11 e 12: *narrativa*): a justiça do Reino entra em choque; 6º apartamento (13,1-52: *discurso*): parábolas: a justiça do Reino vai vencer.

4º andar: 7º apartamento (13,53-17,27: *narrativa*): o seguimento do Mestre da justiça; 8º apartamento (capítulo 18: *discurso*): a justiça do Reino na comunidade.

5º andar: 9º apartamento (capítulos de 19 a 23: *narrativa*): o Reino é para todos; 10º apartamento (capítulos 24 e 25: *discurso*): o julgamento destrói a sociedade justa.

Cobertura (capítulos de 26 a 28): a morte e ressurreição de Jesus marcam o fim da injustiça.

Evangelhos sinóticos e Atos dos Apóstolos

Cobertura
Páscoa da Libertação (26-28)
A morte e ressurreição de Jesus marcam o fim da injustiça

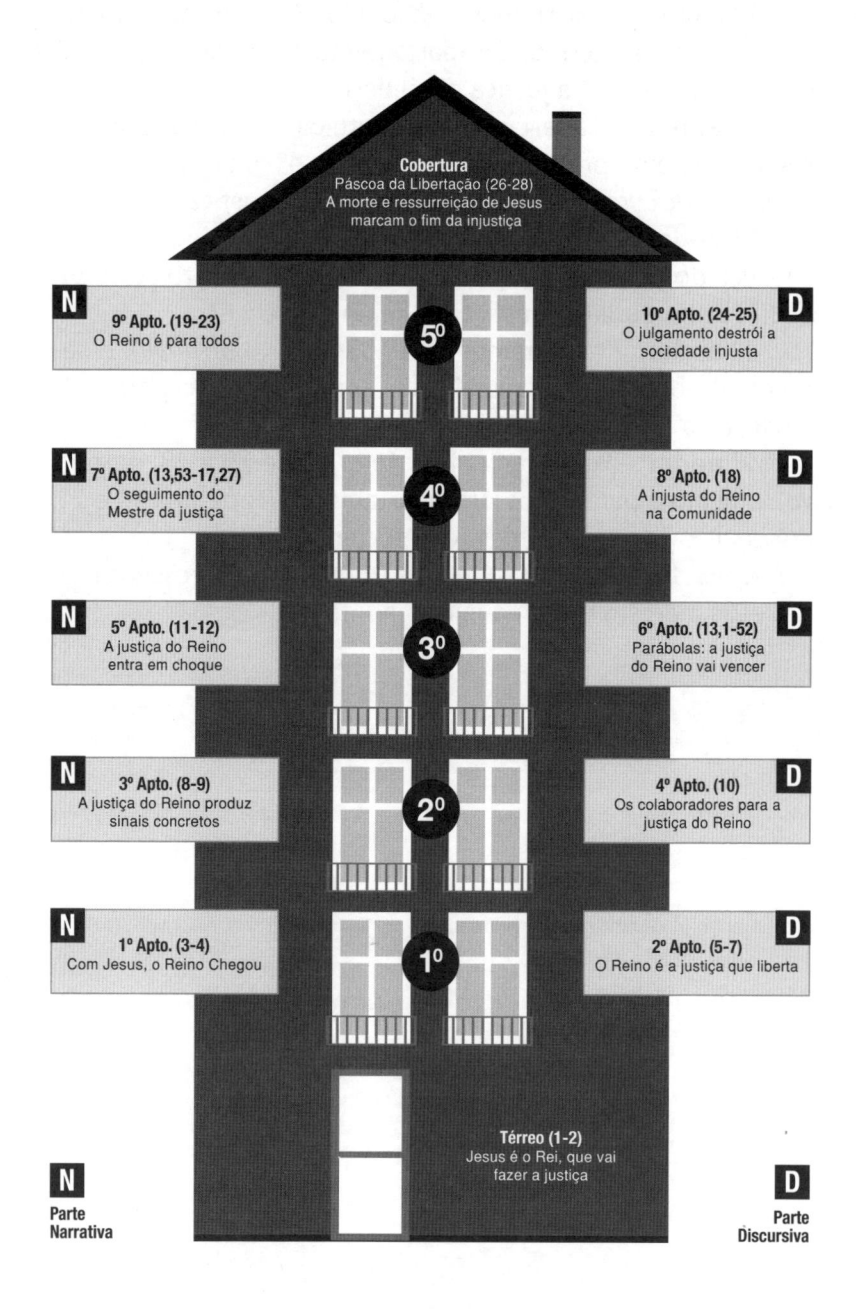

5º

N — 9º Apto. (19-23)
O Reino é para todos

D — 10º Apto. (24-25)
O julgamento destrói a sociedade injusta

4º

N — 7º Apto. (13,53-17,27)
O seguimento do Mestre da justiça

D — 8º Apto. (18)
A injusta do Reino na Comunidade

3º

N — 5º Apto. (11-12)
A justiça do Reino entra em choque

D — 6º Apto. (13,1-52)
Parábolas: a justiça do Reino vai vencer

2º

N — 3º Apto. (8-9)
A justiça do Reino produz sinais concretos

D — 4º Apto. (10)
Os colaboradores para a justiça do Reino

1º

N — 1º Apto. (3-4)
Com Jesus, o Reino Chegou

D — 2º Apto. (5-7)
O Reino é a justiça que liberta

Térreo (1-2)
Jesus é o Rei, que vai fazer a justiça

N Parte Narrativa

D Parte Discursiva

> **Exercício**
> Se você quiser, marque sua Bíblia com as indicações citadas anteriormente. Isso pode facilitar sua leitura.

III. UMA CASA CONSTRUÍDA SOBRE A ROCHA (7,24)

Acabamos de ver como o Evangelho de Mateus se parece com um prédio, cujos apartamentos podem ser abertos com uma única chave: a justiça, que faz o Reino acontecer. Agora vamos entrar em cada um desses apartamentos, sublinhando alguns aspectos.

Andar térreo (capítulos 1 e 2): Jesus é o Rei, que vai fazer justiça

1. Mateus 1,1-17
Mateus começa com a árvore genealógica de Jesus. Com isso se pretende sublinhar várias coisas. Em primeiro lugar, diz-se que ele é filho de Davi, o rei *justo*, e filho de Abraão, o patriarca que foi declarado *justo* por causa de sua fé. A promessa feita a Abraão contemplava também uma descendência da qual sairiam reis (Gn 17,6). Jesus, portanto, é descendente legítimo do patriarca Abraão; enquanto rei, é cumpridor da promessa que Deus lhe fizera.

Mas é também descendente de Davi, o rei que passou à história como o mais justo de todos. A esse rei Deus fez a promessa de um descendente que iria ocupar seu trono (2Sm 7,14). Dizer, portanto, que Jesus é filho de Davi é afirmar que ele é seu legítimo rei sucessor.

A árvore genealógica de Jesus em Mateus é muito diferente da árvore genealógica de Lucas 3,23-38. A razão é muito simples: ambos têm intenções diferentes. Mateus destaca a linhagem real de Jesus. Por isso, depois dos patriarcas, acrescenta, a partir de Davi e Salomão, os nomes dos reis de Judá; e, depois do exílio na Babilônia, os nomes das lideranças judaicas.

Mateus divide a árvore genealógica de Jesus em três etapas perfeitamente iguais: época dos patriarcas, época dos reis, época das lideranças, salientando que em cada uma delas há catorze gerações. A construção é perfeita, porém artificial, pois, pelo menos na etapa da monarquia, vários reis são omitidos. Por quê? A resposta é esta: além de apresentar a árvore genealógica de Jesus como algo perfeito, Mateus quis fazer uma homenagem ao rei Davi. De fato, se somarmos os valores numéricos das consoantes hebraicas que compõem o nome de Davi (dwd), temos o número 14. Assim: d = 4; w = 6; d = 4.

Apesar de haver entre os antepassados de Jesus reis terrivelmente injustos e opressores, como Manassés e Amon, Jesus é o legítimo rei sucessor de Davi; ele é o Rei que vai fazer justiça.

> **Mulheres pecadoras?**
> Na árvore genealógica de Jesus há quatro mulheres estrangeiras, além de Maria, a mãe do Rei, que vai fazer justiça. Com a chave da justiça, você terá uma visão muito diferente da tradicional, que via nessas quatro mulheres apenas grandes pecadoras. Tente ler nessa linha a história de Tamar (Gn 38), a história de Raab (Js 2,1-21 e 6,22-25), a história de Rute (no livro que traz o nome dela) e a história de Betsabeia, esposa de Urias e de Davi (2Sm 11 e 1Rs, capítulos 1 e 2).

2. Mateus 2,1-12

A visita dos magos se encontra só em Mateus 2,1-12. Os outros Evangelhos nada falam desse episódio. As comunidades ligadas a Mateus eram de origem judaica. Esse detalhe é importante para compreender o que está por trás do episódio conhecido como a visita dos magos a Jesus.

Mateus não diz que eram reis. Simplesmente afirma que "alguns magos do Oriente chegaram a Jerusalém" (2,1). Qual seria esse "Oriente" os estudiosos não sabem definir com exatidão. A frase de Mateus mostra outra coisa: ele não diz quantos eram.

Para entender o que está por trás desse episódio, é necessário descobrir as citações do Antigo Testamento, embutidas na cena, fazendo dessa visita uma espécie de caixa de ressonância. Vejamos isso de perto:

– Em primeiro lugar, encontramos uma referência ao Salmo 72,10-11.15, que afirma: "Que os reis de Társis e das ilhas lhe paguem tributos. Que os reis de Sabá e Seba lhe ofereçam seus dons. Que todos os reis se ajoelhem diante dele, e todas as nações o sirvam... Que ele viva e lhe tragam o ouro de Sabá! Que rezem por ele sem cessar, e o bendigam o dia todo!" Em base a esse texto, os magos foram chamados de reis.

– Em segundo lugar, é preciso recordar Gênesis 49,10, que diz: "O bastão de comando não se afastará de Judá, nem o cetro do meio de seus pés, até que lhe seja trazido o tributo e os povos lhe obedeçam". Bastão de comando e cetro são símbolos da realeza.

– Em terceiro lugar, está presente uma citação de Números 24,17: "Eu o vejo, mas não é agora; eu o contemplo, mas não de perto: uma estrela avança de Jacó, um cetro se levanta de Israel".

– A citação mais importante e explícita é a de Miqueias 5,1-3: "E você, Belém de Éfrata, tão pequena entre as principais cidades de Judá! É de você que sairá para mim aquele que será o chefe de Israel. A origem dele é antiga, desde os tempos remotos. Pois Deus os entrega até que a mãe dê à luz, e o resto dos irmãos volte aos israelitas. De pé, ele governará com a própria força de Javé, com a majestade do nome de Javé, seu Deus. E habitarão tranquilos, pois ele estenderá seu poder até as extremidades da terra".

– Está presente também Isaías 49,23, passagem em que, por meio do profeta, Deus diz a Sião: "Os reis serão seus cuidadores e as princesas serão amas de leite. Com o rosto por terra, prestarão homenagem a você, lamberão a poeira de seus pés, e você ficará sabendo que eu sou Javé, aquele que nunca decepciona quem nele confia".

– Parece que por trás do episódio dos magos esteja o texto de Isaías 60,1-6, dirigido à cidade de Jerusalém, sobretudo o versículo 6: "Uma grande multidão de camelos invade você, camelos de Madiã e Efa; de Sabá vem todo mundo, ouro e incenso é o que eles trazem e vêm anunciando os louvores de Javé".

– Último detalhe: quando os magos chegam a casa em que está Jesus, Mateus simplesmente diz que eles "viram *o menino com Maria, sua mãe*", sem mencionar José. Esse detalhe é fundamental para a compreensão de Jesus como Rei. De fato, sempre que o segundo livro dos Reis apresenta um rei de Judá, ele o faz citando o nome da mãe, por exemplo, Joatão, filho de Jerusa (veja 2Rs 15,32-33).

> Leia os capítulos 1 e 2 e descubra outros detalhes a partir da chave de leitura oferecida.

1º andar

1º apartamento (capítulos 3 e 4: narrativa): com Jesus o Reino chegou

Mateus narra fatos referentes à vida de Jesus. Destacamos alguns aspectos. Em primeiro lugar, o anúncio de João Batista (3,1-12). Ele anuncia a chegada do Senhor como juiz que dará a cada um segundo sua conduta. Ora, naquele tempo, supunha-se que o rei devesse fazer justiça, instaurando o julgamento, como era atributo do rei no Antigo Testamento.

Em segundo lugar, como já foi dito, chamam nossa atenção as primeiras palavras de Jesus no Evangelho de Mateus, por ocasião de seu batismo: "Devemos realizar toda a justiça" (3,15). Além disso, uma voz vinda do céu o proclama Filho amado, no qual Deus encontra seu agrado (3,17). A expressão "Filho amado" faz pensar no Salmo 2,7. É um salmo que fala da coroação e posse de um rei de Judá. Nesse dia, Deus o adotava como filho. A referência ao "agrado" é tirada de Isaías

42,1, em que se fala de um servo que vai fazer as vontades de Deus. Resumindo, então, temos a seguinte afirmação: Jesus é o Rei-Messias, que vai servir a Deus e a seu projeto de justiça.

Em terceiro lugar, chamamos atenção para as tentações de Jesus no deserto (4,1-11). As tentações são propostas que se chocam com o modo de Jesus realizar a justiça, ação que provoca o surgimento do reinado de Deus. O diabo sugere a Jesus que transforme pedras em pães para matar a própria fome. Em outras palavras, a sugestão é que ele pense somente em si e em suas necessidades básicas. A resposta de Jesus deve ser entendida muito além das simples palavras ditas em seguida. De fato, ele se ocupará com a fome das multidões, ensinando-as a partilhar, nos episódios que conhecemos como "multiplicação dos pães". Enquanto cada um pensar somente em si, a justiça do reino não acontecerá.

> **Exercício**
> Tente ler as outras duas tentações de Jesus com a chave da justiça do Reino.

2º apartamento (capítulos de 5 a 7: discurso): o Reino é a justiça que liberta

Os capítulos de 5 a 7 formam o "sermão da montanha". Nele temos as bem-aventuranças e uma série de situações da vida do cristão que exigem mais do que no passado. Jesus diz: "Antigamente era assim... hoje, porém, será diferente". Isso constitui a novidade trazida pela justiça do Reino.

As bem-aventuranças são proclamações de felicidade. A primeira ("Felizes os pobres em espírito, porque deles é o Reino dos Céus") e a oitava ("Felizes os perseguidos por causa da justiça, porque deles é o Reino dos Céus") são muito semelhantes entre si; não têm uma promessa futura, pois afirma-se algo que já está de posse deles: o Reino dos Céus. Podemos então identificar os pobres em espírito com os perseguidos por causa da justiça do Reino. Quem são os pobres em espírito? Alguém deu uma explicação que me parece interessante: o pobre em espírito é como o peixe no mar, que possui toda a água a sua disposição, mas não a retém para si, deixando-a para todos! Quem pensa e age desse modo, certamente, entra em choque com os que não admitem partilhar com todos aquilo que Deus criou para todos. O pobre em espírito, pois, é um apaixonado pela justiça do Reino, mas acaba sendo perseguido por causa dessa mesma justiça, pois há sempre quem não admite a partilha. Jesus é muito exigente, garantindo que, "se a justiça de vocês não superar a justiça dos doutores da Lei e dos fariseus, vocês não entrarão no Reino dos Céus" (5,20). E vai mais além: exige de seus seguidores dar prioridade absoluta à justiça do Reino: "Busquem em primeiro lugar o Reino de Deus e sua justiça, e todo o resto será acrescentado a vocês" (6,33).

Na série "Antigamente era assim... hoje, porém, será diferente", Jesus apresenta as novas e profundas exigências da justiça do Reino, capaz de libertar o ser humano de toda ganância e posse para viver novas relações: não se mata somente com armas; mata-se também com palavras, ofensas etc.; existe um adultério já embutido no desejo; casamento é coisa séria e é para sempre; a verdade é sempre transparente; não se vence a violência com a violência, mas com uma força maior, capaz de desativar os mecanismos da violência, e essa força maior se chama amor; não basta amar os amigos e odiar os inimigos: para ser filhos de Deus é preciso um salto de qualidade: transformar o inimigo em irmão, vencer o ódio com o amor.

Tudo isso pertence à justiça que faz o Reino acontecer.

Leia os capítulos de 5 a 7 com a chave proposta e descubra outros detalhes da justiça do Reino.

2º andar

3º apartamento (capítulos 8 e 9: narrativa): a justiça do Reino produz sinais concretos

O Evangelho de Mateus

Os capítulos 8 e 9 apresentam dez milagres de Jesus. Examinando-os de perto, percebe-se que a justiça do Reino produz sinais concretos para todos. O número 10 pode ter o sentido de totalidade (dez dedos das mãos, dez mandamentos etc.). De fato, todo tipo de pessoa é beneficiado pela prática de Jesus: homens e mulheres, judeus e pagãos, adultos e crianças... E os dez milagres dão a impressão de que todo tipo de doenças, enfermidades e até a própria morte são vencidas.

Relacione a ordem dos milagres nos capítulos 8 e 9 de Mateus

1º milagre	①	( ) cura da sogra de Pedro
2º milagre	②	( ) a tempestade acalmada
3º milagre	③	( ) cura de um paralítico
4º milagre	④	( ) cura de dois cegos
5º milagre	⑤	(①) cura do leproso
6º milagre	⑥	( ) ressurreição da menina
7º milagre	⑦	( ) cura do endemoninhado mudo
8º milagre	⑧	( ) cura dos endemoninhados gadarenos
9º milagre	⑨	( ) cura da mulher com hemorragia
10º milagre	⑩	( ) cura do servo do oficial

Respostas: 3; 4; 6; 9; 1; 7; 10; 5; 8; 2.

4º apartamento (capítulo 10: discurso): os colaboradores para a justiça do Reino

O capítulo 10 mostra Jesus criando o grupo dos doze apóstolos e enviando-os a fazer as mesmas coisas que ele fez. De fato, os Doze recebem autoridade sobre os espíritos impuros (ou demônios), exatamente como faz Jesus, ao expulsar demônios e espíritos impuros nos capítulos 8 e 9. Recebem também autoridade para curar toda sorte de males e enfermidades do povo, exatamente como faz Jesus nos capítulos anteriores: cura o leproso, o servo do oficial, o paralítico etc. Assim ficamos sabendo que a justiça do Reino vai ganhando força mediante a ação dos seguidores de Jesus.

Mas há um detalhe: "O discípulo não é maior que o mestre, nem o servo é mais importante que seu patrão. É suficiente que o discípulo se torne como o mestre e o servo como seu patrão" (10,24-25). Ser colaborador da justiça do Reino não é nada romântico. Jesus já havia dito: "Felizes os perseguidos por causa da justiça, porque deles é o Reino dos Céus" (5,10). Isso quer dizer que a prática da justiça não acontece sem tensões e conflitos. Quem perseverar até o fim será salvo (10,22); rejeitar ou acolher os promotores da justiça do Reino é rejeitar ou acolher o próprio Mestre Jesus.

> Leia o capítulo 10 e anote outros detalhes importantes não apresentados aqui.

3º andar

5º apartamento (capítulos 11 e 12: narrativa): a justiça do Reino entra em choque

O Mestre da justiça já havia alertado os Doze acerca das dificuldades que encontrariam na missão de ensinar e praticar um tipo de justiça que supera a justiça dos doutores da Lei e dos fariseus (5,20): "Se chamaram de Beelzebu ao dono da casa, o que não vão dizer de seus familiares!" (10,25). O "dono da casa" é, sem dúvida, Jesus. Seus familiares são seus colaboradores. Beelzebu é tido como o chefe dos demônios. Na verdade, essa palavra vem de uma antiga divindade cananeia chamada Baal Zebub, que significa "Baal, o Príncipe". Os judeus depreciam esse nome, pois Beelzebu significa aproximadamente "O Príncipe das Moscas".

Jesus continua sua missão de incluir os excluídos, mas sua atividade entra em choque com os que acham normal uns terem vida e outros não. O golpe é duro. Após ter curado um endemoninhado, cego e mudo, espalha-se a seguinte calúnia: "Ele tem poder sobre os demônios, porque é parceiro de Beelzebu, o chefe dos demônios" (12,24).

Jesus se defende e defende a justiça do Reino, mas até a própria família anda perplexa e deseja ter uma "conversinha" com ele (12,46). A crise, portanto, é grave e profunda, e Jesus não receia superar laços familiares, mostrando que, para ele, família são todos os que partilham com ele a mesma causa: "Aquele que faz a vontade de meu Pai celeste é para mim irmão, irmã e mãe" (12,50).

A essa altura podemos perguntar-nos: como irá acabar tudo isso? Jesus será bem-sucedido na missão de fazer a justiça do Reino prevalecer? Não seria um gesto suicida, dada a rejeição que seu projeto enfrenta? A resposta positiva virá no capítulo seguinte.

> Leia os capítulos 11 e 12 e anote quantas vezes aparece o tema da rejeição da proposta de Jesus.

6º apartamento (13,1-52: discurso): Parábolas: a justiça do Reino vai vencer

O capítulo 13 é altamente otimista em relação às dúvidas dos dois capítulos anteriores. Mediante uma série de parábolas, Jesus vai semeando esperança, fortalecendo opções e iluminando o caminho.

Temos aqui as seguintes parábolas: a parábola do semeador (13,3-9), a do joio (13,24-30), a da semente de mostarda (13,31-32), a do fermento (13,33), a do tesouro e a da pérola (13,44-46) e a da rede de pescar (13,47-50). Algumas mostram o contraste entre o pouco (ou o pequeno) e o muito (ou o grande). É o caso da semente de mostarda. Na cultura daquele lugar, é a menor de todas as sementes; uma vez crescida, torna-se a maior de todas as hortaliças. De fato, na Palestina cultivava-se a mostarda preta, cuja planta podia atingir até quatro metros de altura. Na mesma direção vai a parábola do fermento: um punhado dele é capaz de fermentar mais de quarenta quilos de farinha.

Outras parábolas, como a do semeador, mostram que, apesar das perdas, vale a pena continuar semeando, pois cedo ou tarde a semente encontrará o bom terreno e dará frutos: uma cem, outra sessenta e outra trinta. Detalhe interessante: naqueles lugares, o máximo que se podia colher era dez por um, ou seja, cada quilo de semente produzia no máximo dez quilos. A parábola, portanto, é extremamente otimista. O que não pode faltar é a esperança e a vontade de semear. Em nossas comunidades costumamos cantar: "Põe a semente na terra, não será em vão...".

> **Exercício**
> Leia as demais parábolas no capítulo 13 e procure entendê-las à luz da chave de leitura proposta.

4º andar

7º apartamento (13,53-17,27: narrativa): o seguimento do Mestre da justiça

Esses capítulos são os mais complexos do Evangelho de Mateus, mas é possível resumi-los em torno do tema do seguimento. Já vimos como a proposta de Jesus sofre resistência e rejeição; agora veremos que não é fácil dizer sim a ele, aliar-se a ele e ser-lhe fiel. Alguns episódios ajudam a esclarecer.

Na cidade em que cresceu, Nazaré, Jesus é rejeitado (13,53-58). *Escândalo* significa tropeço: os conterrâneos do Mestre da justiça se escandalizam e desistem, permanecendo na incredulidade.

Mateus narra duas vezes o episódio conhecido como "multiplicação dos pães" (14,13-21 e 15,32-39). Logo em seguida, Jesus chama a atenção dos discípulos por não acreditarem no poder da partilha, dizendo: "Vocês não entendem? Não se lembram dos cinco pães para 5.000 pessoas? Quantos cestos de sobras vocês recolheram? Não se recordam dos sete pães para 4.000 pessoas? Quantos cestos de sobras vocês recolheram?" (16,9-10). A incompreensão dos discípulos é grave. Jesus vence a primeira tentação justamente na questão dos pães. Os discípulos, porém, continuam presos à ideia de que a fome da humanidade não tem solução.

É nesse apartamento que encontramos dois dos três anúncios da paixão, morte e ressurreição de Jesus (16,21-23; 17,22-23). Também aqui se manifesta a incompreensão e ignorância dos discípulos acerca de quem é Jesus, pois não aceitam o Messias que vai enfrentar a morte.

Anteriormente (10,1), Jesus deu aos discípulos autoridade para expulsar os espíritos impuros e curar qualquer espécie de males e enfermidades. Todavia, diante de um endemoninhado epiléptico, revela-se toda sua impotência: "Por que não conseguimos expulsar esses demônios?" (17,14-20).

Para seguir o Mestre da justiça, faz-se necessário negar-se a si mesmo, tomar a cruz e caminhar (16,24). Como entender o "negar-se a si mesmo"? Para entender esse aspecto, é preciso aprofundar as tentações de Jesus. Negar-se a si mesmo não significa anular-se, mas anular o egoísmo que tudo quer para si, a fim de pensar nos outros e em suas necessidades.

Percorra, com paciência e dedicação, os capítulos indicados e descubra novos aspectos do seguimento do Mestre da justiça.

8º apartamento (capítulo 18: discurso): a justiça do Reino na comunidade

É fácil e cômodo gritar contra as injustiças quando elas acontecem fora de nossas comunidades ou famílias. Temos até disposição de consertar as injustiças dos outros. Todavia, quando acontecem dentro de casa ou dentro da comunidade à qual pertencemos, não temos a mesma disposição!

O capítulo 18 trata disso, orientando para a prática da justiça na comunidade. Por exemplo: o que fazemos quando alguém erra? Qual nossa primeira reação? A justiça do Reino diz que se deve fazer de tudo para recuperar a pessoa que errou. Sugere muita sensibilidade no trato dessas questões. A título de ilustração: quando alguém erra, temos de conversar pessoalmente com a pessoa que errou, sem espalhar a questão, mediante fofocas e bisbilhotices; se a pessoa se corrigir, bem; se não, podemos chamar mais algumas pessoas para ir conversar com quem errou... Isso se chama sensibilidade e criatividade, a fim de não perder aquele que errou. Só em último caso é que a pessoa errada pode ser excluída da comunidade, considerada como pagã ou como os cobradores de impostos. Mas atenção: não podemos esquecer que Jesus foi acusado de ser amigo dos pecadores e dos cobradores de impostos.

Um dos ingredientes indispensáveis para que haja justiça do Reino na comunidade ou na família se chama perdão. É disso que fala a parábola de 18,23-35. Ela é uma espécie de comentário deste pedido do Pai-nosso: "Perdoai-nos nossas ofensas, assim como nós perdoamos a quem nos tem ofendido".

A parábola joga com opostos: 10.000 talentos representam uma quantia impagável (um talento correspondia a mais de 30 quilos de prata ou de ouro), ao passo que cem moedas são cerca de três salários-mínimos. O grande devedor é perdoado, mas não consegue perdoar a pequena dívida do companheiro. Assim agindo, anula o perdão anteriormente obtido, pois somos nós que colocamos nas mãos de Deus o metro com o qual queremos ser medidos: perdoa-me na medida com a qual consigo perdoar meu companheiro.

> Leia o capítulo 18 do Evangelho de Mateus e anote outros detalhes não apresentados aqui. Por que temos tanta dificuldade em perdoar?

O Evangelho de Mateus

5º andar

9º apartamento (capítulos de 19 a 23: narrativa): o Reino é para todos

Uma série de episódios e de parábolas demonstram que todos são convidados a fazer parte do mutirão que implanta a justiça do Reino em nosso mundo. Todavia, nem todos colaboram. Muitos, como o jovem rico (19,16-22), preferem dar as costas, pois a justiça do Reino supõe partilha. Eles, mais que possuir bens, são por eles possuídos, e quem faz dos bens um ídolo dele torna-se escravo, fazendo-lhe as vontades, que nunca cessam.

Mas o que é a justiça do Reino? A parábola de 20,1-16 responde. Um patrão sai de madrugada, pelas nove horas, por volta do meio-dia, pelas três da tarde e até pelas cinco da tarde à procura de trabalhadores para a colheita da uva. Com os primeiros combina uma diária; com os das nove, "aquilo que for justo"; aos outros nada diz nem combina. No fim do dia, ordena ao gerente que pague uma diária para todos, não só para os primeiros contratados. Estes começam a reclamar, e, na reclamação deles, está embutida a ideia que o patrão (isto é, Deus) tem de justiça: "Esses últimos trabalharam somente uma hora, e tu os igualas a nós..." A justiça do Reino não deixa ninguém sem o suficiente e necessário para sobreviver.

Outra parábola, a dos dois filhos (21,28-32), mostra que todos são convidados a colaborar, mas nem todos aceitam. Igualmente a parábola dos convidados à festa de casamento (22,1-14). Nota-se que há pessoas que se dizem cristãs sem de fato o ser, sem o compromisso com a justiça (a roupa para a festa de casamento).

> Muitos outros detalhes podem ser detectados nesses capítulos usando a chave de leitura proposta. Descubra-os com paciência.

10º apartamento (capítulos 24 e 25: discurso): o julgamento destrói a sociedade injusta

Os capítulos 24 e 25 são chamados de "discurso escatológico" por referir-se ao final dos tempos. A linguagem é própria dos textos apocalípticos, e não deve ser tomada ao pé da letra. Temos neles muitos símbolos.

Os dois capítulos pretendem responder à pergunta dos discípulos, que dizem a Jesus: "Conta para nós quando acontecerá a destruição do Templo de Jerusalém e qual será o sinal da tua vinda e do fim do mundo". Duas questões, portanto: a destruição do Templo e o fim do mundo. Os discípulos provavelmente pensavam que as duas coisas aconteceriam juntas, ou seja, que a destruição do Templo seria também o começo do fim do mundo e da história.

Jesus ensinou a separar as duas coisas. Quando o Evangelho de Mateus foi escrito, o Templo de Jerusalém já havia desaparecido fazia tempo. Portanto, os seguidores de Jesus sabiam que a destruição do Templo não era o fim do mundo, mas o fim de um tipo de mundo (ou de sociedade), marcado pela injustiça. De fato, Jesus foi condenado e morto pelo pessoal ligado ao Templo (sacerdotes, Sinédrio etc.).

Os discípulos de Jesus viram na destruição do Templo e da cidade que o abrigava (Jerusalém) o julgamento de Deus sobre a sociedade injusta que matou o Mestre da justiça.

A segunda questão refere-se ao fim do mundo, e o Evangelho de Mateus não alimenta curiosidades. Jesus simplesmente garantiu que ninguém conheceria a hora em que o mundo acabaria. Em vez de especular e fazer prognósticos, ele sugeriu a atitude positiva da vigilância.

O capítulo 25 desenvolve o tema da vigilância contando parábolas. A primeira (25,1-13) fala de dez moças convidadas para uma festa de casamento. Cinco delas levaram uma reserva de azeite para suas lamparinas, mas cinco não levaram. Quando o noivo chegou, cada grupo recebeu de acordo com sua conduta: cinco entraram para a festa, mas cinco ficaram de fora. Nessa mesma direção vai a parábola dos empregados aos quais o patrão confiou seus bens: a um deu cinco talentos, a outro deu dois, a um terceiro deu um (25,14-30). A parábola ensina que é preciso esperar arriscando. Os dois primeiros apostaram tudo e ganharam outro tanto; o último não apostou nada e perdeu tudo. Nós dizemos "Quem não arrisca...".

> Leia 25,31-46 e anote o que é e o que não é praticar a justiça do Reino.

Cobertura (capítulos de 26 a 28). A morte e a ressurreição de Jesus marcam o fim da injustiça

A narração da morte e ressurreição de Jesus tem muitos pontos de contato com os outros Evangelhos, mas tem igualmente detalhes próprios como, por exemplo, os fenômenos cósmicos descritos após a morte de Jesus: terremoto, túmulos abertos, ressurreição de santos etc. (27,51-53). É, evidentemente, uma linguagem simbólica, muito apreciada pelas comunidades ligadas a Mateus. Trata-se, na verdade, de uma teofania, isto é, uma manifestação de Deus.

Também é própria de Mateus a tentativa de acobertar a ressurreição do Mestre da justiça (28,11-15). Tentativa inútil, pois a ressurreição de Jesus demonstra que a injustiça não tem a última palavra, e que a justiça do Reino continua viva e forte, pois seu criador está vivo para sempre.

Também é próprio o final do Evangelho de Mateus (28,16-20). Entre tantas coisas, Jesus confia aos discípulos a tarefa de continuar sua ação: "Vão pelo mundo inteiro, façam com que todos os povos se tornem meus discípulos". O desafio, portanto, é fazer a justiça do Reino impregnar todo o mundo. Nessa tarefa não estamos sós, pois o Mestre promete estar conosco todos os dias, até o fim do mundo.

> Você gostou de estudar o Evangelho de Mateus com este subsídio? O que aprendeu? O que ficou faltando? Como continuar estudando esse Evangelho?

3
O Evangelho de Lucas

I. ANTES DE ABRIR O LIVRO

1. Quem foi Lucas?

Lucas não é de origem judaica como os outros evangelistas. Ele é grego, e grega é sua cultura. Além disso, com certeza ele não esteve entre os seguidores diretos de Jesus. É, sim, um cristão da segunda geração; e o fato de não ser judeu não é de pouca importância, pois revela como a mensagem de Jesus rapidamente penetrou outras culturas e realidades.

Como os demais evangelistas, Lucas escreve em grego. Mas seu estilo é muito mais rico e sofisticado que o dos demais evangelhos, pois o grego é a língua materna de Lucas, e ele é escritor refinado. Percebe-se que pôs seus dotes literários a serviço da evangelização.

Lucas deve ter sido companheiro de Paulo em sua missão evangelizadora em meio aos não judeus. No livro dos Atos dos Apóstolos – que é a segunda parte de sua obra literária –, encontramos um detalhe interessante: a partir de 16,10 ele passa a narrar os acontecimentos na primeira pessoa do plural (nós). Há muito tempo, os estudiosos viram nesse detalhe uma confirmação de que, a partir desse momento, Lucas teria pertencido ao grupo evangelizador itinerante de Paulo.

Essa informação também é importante, pois, em seu Evangelho, o Jesus de Lucas diz muitas coisas que mais tarde serão postas em prática por Paulo. Tudo leva a crer que, para Lucas, Paulo foi a pessoa que melhor entendeu, viveu e anunciou a mensagem de Jesus, apesar de não ter participado do grupo dos Doze Apóstolos.

Alguns textos do Novo Testamento associam Lucas e Paulo como companheiros missionários. É o caso da carta a Filêmon (versículo 24) e a segunda carta a Timóteo (4,11). Segundo uma antiga tradição, nascida de uma carta atribuída a Paulo (Cl 4,14), ele exercia a profissão de médico. Esse detalhe se reveste de grande importância quando lemos o Evangelho de Lucas. De fato, Jesus tem a sensibilidade e o carinho de um excelente médico que cura toda espécie de feridas humanas. Pode-se ler todo esse Evangelho com essa chave importante, associando-a a outro tema grandioso: o da misericórdia ou compaixão. Na citada carta aos Colossenses, Lucas é qualificado como médico "querido" e não, simplesmente, como "médico". Todos nós temos experiência de quando e como um médico não é simplesmente médico, mas "médico querido".

Lucas é o maior escritor do Novo Testamento em termos de volume de texto. De fato, sua obra (Evangelho e Atos dos Apóstolos) é mais volumosa que todas as cartas do apóstolo Paulo.

2. A obra de Lucas

Como vimos, a obra de Lucas compreende o Evangelho e os Atos dos Apóstolos. Pode-se ler, meditar e estudar os dois livros separadamente. Mas é muito mais útil e frutuoso se o fizermos considerando-os juntos, como peças de uma única obra. De fato, no Evangelho, temos a prática de Jesus, composta de palavras e ações, e nos Atos dos Apóstolos encontramos a prática dos discípulos de Jesus, que, em tempos e lugares novos, concretizam a prática de Jesus.

Quais eram os destinatários da obra de Lucas? No começo de seu Evangelho, ele fala de um certo Teófilo (veja 1,1-4), nome que reaparece no início da segunda parte da obra (veja At 1,1). Quem era esse Teófilo? O nome significa "Amigo de

O Evangelho de Lucas

Deus". Alguns estudiosos pensam que se trata de um cristão que encomenda a Lucas o trabalho que temos hoje diante dos olhos. Outros pensam que Teófilo seja um nome simbólico, indicando qualquer cristão interessado em aprofundar a própria fé e os conhecimentos acerca de Jesus. Nesse sentido, a obra de Lucas é destinada a qualquer pessoa que queira conhecer mais a fundo a vida e os ensinamentos do Mestre Jesus.

Sendo companheiro de missão do apóstolo Paulo, é natural pensar que a obra de Lucas está voltada para as comunidades ligadas a Paulo. É, portanto, um cristão não judeu que apresenta Jesus a outros cristãos não judeus. Também esse detalhe é interessante, pois o Jesus apresentado por Lucas tem uma sensibilidade ecumênica mais acentuada do que o Jesus apresentado por Marcos e Mateus.

O lugar onde surge a obra de Lucas bem como a data são incertos. Calcula-se que tenha aparecido depois de Mateus, que, por sua vez, é posterior a Marcos. A preocupação com o lugar e a data não é importante. É mais vantajoso observar o que Lucas diz no início de seu Evangelho: o conteúdo de sua obra é fruto de cuidadosa pesquisa. Ele vai à procura de fontes escritas, mas escuta também testemunhas oculares, ou seja, pessoas que estiveram com Jesus, bem como os responsáveis pela catequese primitiva sobre Jesus (veja 1,1-4).

3. A pesquisa de Lucas

Como se deu a pesquisa de Lucas? É bom lembrar que os evangelhos de Marcos e Mateus já circulavam pelas comunidades quando Lucas começou a pesquisa. De fato, dos quase 1.200 versículos que compõem o Evangelho de Lucas, 330 se encontram também em Mateus e Marcos. É por isso que esses três evangelhos são chamados de sinóticos. Além disso, 100 versículos de Lucas se encontram também em Marcos, mas não em Mateus. Isso significa que o Evangelho de Marcos serviu de fonte para a pesquisa de Lucas.

Mateus e Lucas têm em comum 230 versículos que não se encontram em Marcos. Isso demonstra que eles tiveram acesso a uma fonte desconhecida por Marcos.

Finalmente, sabe-se que Lucas possui 500 versículos que não se encontram nem em Marcos nem em Mateus, sinal de que ele teve acesso a outras fontes ignoradas pelos outros dois. Portanto, cerca de 43% do Evangelho de Lucas não se encontram nos demais. Isso nos mostra que os três primeiros evangelhos não são cópia um do outro. Cada qual tem sua personalidade e identidade.

> **Exercício**
> Para comprovar o que foi dito, faça este exercício.
> **1.** Leia um texto que se encontra nos três evangelhos, a parábola do semeador (Mateus 13,3-9; Marcos 4,3-9; Lucas 8,5-8). Note as pequenas diferenças, apesar de ser um texto comum aos três.
> **2.** Leia e compare um texto comum a Lucas e Mateus (Lucas 11,24-26 e Mateus 12,43-45).
> **3.** Leia e compare um texto comum a Lucas e Marcos (Lucas 9,49-50 e Marcos 9,38-40).
> **4.** Leia um dos textos que só se encontra em Lucas (10,29-37).

II. ABRINDO O EVANGELHO DE LUCAS

1. Como está organizado

Além de fazer cuidadosa pesquisa, Lucas afirma que sua apresentação é bem organizada (1,3). Vamos, então, ver como organizou sua apresentação das palavras e ações de Jesus. Podemos distinguir, além de uma introdução, duas partes de tamanho desigual.

INTRODUÇÃO (1,1-4)
1ª PARTE (1,5-4,13)
– duas infâncias (1,5-2,52): João Batista e Jesus
– preparação da missão de Jesus (3,1-4,13)
  2ª PARTE (4,14-24,53): atividade libertadora de Jesus

O Evangelho de Lucas

- Na Galileia (4,14-9,50)
  - 14 dos 18 milagres em Lucas são realizados na Galileia
- Em viagem para Jerusalém (9,51-19,28)
- Em Jerusalém: confronto com os poderosos (19,29-24,53)
  - confronto (19,29-21,38)
  - consequências (capítulos 22-23)
  - a glória de Jesus (capítulo 24)

A parte mais original encontra-se na longa e demorada viagem de Jesus a Jerusalém (9,51-19,28). Não se trata de simples viagem geográfica. É, sobretudo, uma viagem que poderíamos chamar de catequética. À medida que Jesus caminha em direção a Jerusalém, onde será morto e ressuscitará, as pessoas que o encontram são provocadas a uma tomada de posição, a favor dele ou contra. Em outras palavras, trata-se de uma viagem-julgamento, pois o encontro com Jesus faz as pessoas tomarem consciência de quem são e do que estão buscando. E isso ao longo de dez capítulos, ou seja, mais de 41% do Evangelho.

Exercício
Lucas é o evangelista que mais fala do nascimento e infância de Jesus. Esse tema aparece nos dois primeiros capítulos. Aí temos, na verdade, a narração de duas infâncias, a de João Batista e a de Jesus. Elas podem ser postas uma ao lado da outra. Abra sua Bíblia nos capítulos 1 e 2 de Lucas e marque os versículos em que cada uma aparece.

Infância de João Batista	*Infância de Jesus*
Anunciação: 1,...	Anunciação: 1,...
Nascimento: 1,...	Nascimento: 2,...
Hino do pai: 1,...	Hino da mãe: 1,...

Respostas: Infância de João Batista: 1,5-25; 1,57-66; 1,67-80 | Infância de Jesus: 1, 26-38; 2,1-20; 1,46-56.

2. Algumas "amarras" entre o Evangelho de Lucas e os Atos dos Apóstolos

Além de bem organizado em si, o Evangelho de Lucas tem muitas "amarras" com a segunda parte da obra, ou seja, os Atos dos Apóstolos. Imagine uma porta antiga de duas folhas, sobre as quais há um único desenho. Assim é a obra de Lucas com suas "amarras". Vamos ver algumas:

- *A cidade de Jerusalém* (Lc 1,5s; 24,50-53; At 1,1ss; 1,8; 28,11ss). O Evangelho de Lucas começa e termina em Jerusalém, e os Atos dos Apóstolos se iniciam em Jerusalém para alcançar os confins do mundo.
- *O Espírito Santo agindo*: Lucas 1,26-38 (em Maria); 1,39-45 (em Isabel); 1,67-79 (em Zacarias); 2,25-32 (em Simeão); 2,36-38 (em Ana, pois ela é profetisa); 1,44.66.80; 1,15 (em João Batista); 4,14-30 (em Jesus; veja 23,46); é prometido (24,49); Atos dos Apóstolos 1,5.8; 2,1-11.
- *O testemunho* (Lc 24,48); Atos dos Apóstolos (1,8; 2,32 etc.).

> **Continuando a descobrir "amarras"**
> Compare: Lucas 7,1-10 com Atos dos Apóstolos 10; Lucas 8,49-56 com Atos dos Apóstolos 9,36-42; Lucas 8,22-25 com Atos dos Apóstolos 27,13-26; Lucas 9,51 com Atos dos Apóstolos 19,21; Lucas 23,34 com Atos dos Apóstolos 7,60.

3. Classes sociais no Evangelho de Lucas

No Evangelho de Lucas, há várias parábolas que só ele transmitiu. Examinando-as com atenção do ponto de vista das classes sociais, descobrimos uma verdadeira pirâmide, a vergonhosa pirâmide da desigualdade, que pode ser completada com outros textos próprios de Lucas. Assim:

PIRÂMIDE SOCIAL DO EVANGELHO DE LUCAS

- Ricos muito ricos (16,19-31; 19,12), que não moram no campo: – relacionam-se entre si, em "circuito fechado" (14,12-14; 14,16-24); – têm terras, plantações e rebanhos (fazendas) e os arrendam (20,9-16);
- Ricos muito ricos que vivem e trabalham no campo (12,16-21; 15,11-32, sobretudo v. 15);
- Camponeses que possuem pequenas propriedades e tocam o campo com a família e algum empregado;
- Camponeses sem-terra que trabalham a terra de outros (20,9-16);
- Trabalhadores dependentes, servos e escravos: capatazes, escravos domésticos ou do campo (12,35-48);
- Diaristas, sem-terra, sem garantias de trabalho ou de ganho (10,2; 15,17);
- Viúvas (18,1-5), mendigos (16,3.20-21), pobres, estropiados, cegos e coxos (14,13);
- Bandidos que assaltam para não morrer de fome (10,30);
- Pessoas que não têm absolutamente nada e andam nuas (3,11).

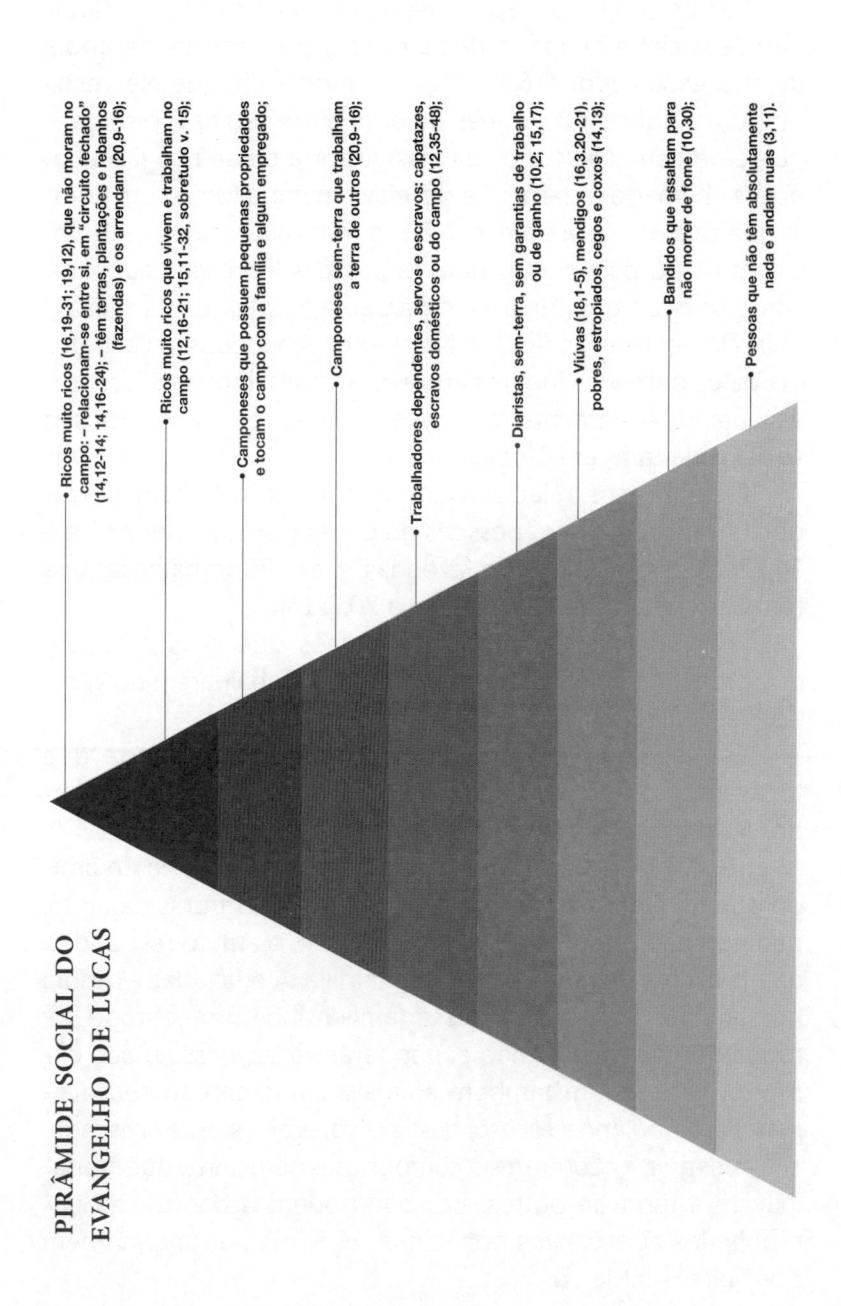

Vamos comentar rapidamente. O ponto mais alto da pirâmide social é ocupado pelos ricaços. É o caso da parábola do rico esbanjador (16,19-31). A parábola diz que ele vestia púrpura e linho fino (roupas de grife e importadas) e se banqueteava com luxo todos os dias. À porta desse rico jazia um pobre chamado Lázaro, que desejava matar a fome com aquilo que caía da mesa do rico. Não se tratava de migalhas, e sim do miolo do pão, com o qual as pessoas limpavam as mãos, como se fosse guardanapo. A parábola afirma que os cães vinham lamber-lhe as feridas. Na cultura dos judeus, o cachorro ocupa os primeiros lugares entre os animais impuros. Esse rico esbanjador certamente morava na cidade, centro de exclusão social (veja também 19,12).

Esses ricaços relacionavam-se entre si e tinham horror de abrir o círculo para pessoas de posição social inferior (veja 14,12-24). Eram donos de fazendas, mas não trabalhavam na terra, arrendando-a a outros (veja 20,9-16).

Logo abaixo, encontram-se ricaços que se distinguem dos primeiros unicamente por viverem e trabalharem no campo (veja 12,16-21; 15,11-32).

Em seguida, vêm pequenos proprietários de terra que tocavam o campo com a família e, às vezes, algum empregado. As indicações são muitas (veja, por exemplo, 8,4-8; 11,5-8; 15,8-10; 17,7-10). Em 11,5-8, encontramos a parábola do amigo que foi bater à porta do outro amigo, altas horas da noite, pedindo pães emprestados. Lá de dentro, o amigo respondeu que já estava deitado com toda a família. A dificuldade residia no seguinte fato: a casa dessa família tinha um cômodo só; todos dormiam pelo chão e, não raras vezes, nesse único cômodo pernoitavam também animais, como cabritos ou ovelhas. Perambular no escuro, nesse caso, era bastante arriscado.

A seguir, encontramos camponeses sem-terra que trabalhavam a terra de outros. É o que podemos deduzir da parábola dos agricultores homicidas (20,9-16), narrada também por Mateus e Marcos.

Descendo para a base, encontramos trabalhadores dependentes, servos e escravos: capatazes, escravos domésticos ou do campo (12,35-48).

Mais abaixo, encontram-se os diaristas, trabalhadores sazonais sem-terra e sem garantia de trabalho ou de ganho (veja, por exemplo, 15,17). É o caso também da famosa frase de Jesus: "Peçam ao dono da colheita que envie trabalhadores para a colheita".

Em seguida, encontramos as viúvas (18,1-5), os mendigos, como Lázaro (16,3.20-21), os pobres, os estropiados, os cegos e os coxos. Jesus aconselhou os ricos muito ricos a abrirem o circuito fechado para esses grupos excluídos, que não podiam retribuir por não terem bem algum (veja 14,13). Acrescente-se a isso o estigma de serem considerados unidos por Deus.

Ocupando o penúltimo lugar encontramos os bandidos (10,30). Eles não se resignavam a morrer de fome, por isso viviam de assaltos ou pequenos furtos. O fenômeno do banditismo no tempo de Jesus tem muito a ver com a questão da fome. Assemelha-se aos saques de supermercados em tempos de extrema dificuldade.

Finalmente, a base da pirâmide é formada por pessoas que não têm absolutamente nada e andam nuas. Deduzimos isso da pregação de João Batista, que disse: "Quem tiver duas túnicas dê uma a quem não tem" (veja 3,11). No tempo de Jesus, havia pessoas que sequer tinham roupa para vestir. É, provavelmente, também a situação do endemoninhado que se escondeu no cemitério para ocultar a própria nudez (veja 8,26-39).

> Inspirado na pirâmide social do Evangelho de Lucas, tente montar a pirâmide social de nosso país.

4. Solidariedade em Lucas

Os evangelhos – sobretudo os três primeiros – mostram Jesus vivendo e agindo nas aldeias da Galileia. Em Lucas, 14 dos 18 milagres narrados são realizados na Galileia. Podemos, então, afirmar que Jesus foi um homem ligado às aldeias e ao campo, vivendo quase que exclusivamente na região norte da Palestina, conhecida como Galileia.

Para entender melhor sua mensagem, é oportuno ter presente como era a vida nessas aldeias, seu arranjo social. Em uma aldeia, todos se conheciam e eram praticamente todos parentes. Havia, por isso, muita solidariedade entre as pessoas. Não havendo praticamente circulação de moeda, a vida das pessoas baseava-se na troca de bens e nos mutirões caso houvesse necessidade. A aldeia, portanto, favorecia a sobrevivência para todos, mesmo em tempos de dominação estrangeira, como na época de Jesus. Se alguém viesse a se encontrar em necessidade, toda a aldeia se unia para socorrer essa pessoa. Assim sendo, praticamente não se via aí o fenômeno da exclusão social e do banditismo, pois todos tinham o suficiente para viver. Não havendo concentração, não havia também exclusão. A mendicância e a prostituição não frequentavam as aldeias. Ainda sobrevivia o antigo sistema das tribos (veja, no volume 2, "O livro de Josué").

Bem outra era a realidade das grandes cidades. Nelas, vigorava um arranjo social que favorecia a vida para poucos, gerando toda forma de exclusão: desemprego, violência urbana, mendicância, prostituição, banditismo etc. Cada qual pensava só em si e procurava tirar o máximo de vantagem. Podemos, então, afirmar que entre o arranjo social das cidades e o das aldeias existia um abismo cruel.

Comprove

Leia Lucas 7,36-50 e descubra que a mulher se prostituía na cidade. Leia 12,16-21 e descubra que a ideologia do fazendeiro rico é a concentração de bens. Leia 16,1-8 e descubra a ideologia da ganância e da corrupção na cidade. Leia 16,19-31 e descubra que a mendicância é um subproduto da cidade.

Quem sustenta esse sistema?
Muitas vezes, no Antigo Testamento, a abundância de bens era vista como sinal da bênção de Deus, e a pobreza e a doença eram tidas como maldições divinas. No tempo de Jesus, havia pessoas que ainda defendiam esse pensamento e, evidentemente, pretendiam levar vantagem.

No Evangelho de Lucas, fica muito claro quem é o grupo responsável por essa ideologia. Trata-se simplesmente do grupo dos fariseus. Em 16,14, eles eram chamados de "amigos do dinheiro". Mas escondiam isso com uma fachada de religiosidade e com relações de interesse. Eles foram os maiores defensores da religião do puro e do impuro, considerando-se santos e perfeitos, evitando o contato com pobres e doentes. A própria palavra "fariseu" significa "separado", ou seja, alguém que não se mistura com pessoas de classe social inferior; isso em nome da religião, como se o próprio Deus abominasse os doentes e pobres.

Na pirâmide social de seu tempo, os fariseus só se relacionavam com pessoas da mesma classe, isto é, pessoas consideradas puras e praticantes escrupulosas de toda a lei (613 mandamentos).

A proposta de Jesus, homem das aldeias
Jesus propõe algo totalmente novo, capaz de eliminar o arranjo social excludente das cidades. Em lugar da concentração de bens (12,16-21), ele propõe a partilha e a solidariedade como nova forma de pureza: "Deem o que possuem em esmola e tudo ficará puro para vocês!" (11,41); "Vendam seus bens e deem esmola" (12,33).

No Evangelho de Lucas, esmola não é a moedinha que damos ao pedinte quando fecha o farol; a palavra "esmola", em grego, diz-se "eleemosyne", termo formado por *éleos*, isto é, misericórdia. E misericórdia significa "dar o coração aos míseros". A palavra que bem traduz "esmola" é "solidariedade".

"Esmola", portanto, é sinônimo de partilha, exatamente como se fazia nas aldeias da Galileia no tempo de Jesus. É partilhar como ensinou João Batista: "Quem tem duas túnicas dê uma a quem não tem" (3,11). Note bem: Ele não diz "quem tem muitas", mas "quem tem duas dê uma", isto é, uma túnica para cada pessoa. Foi isso que os primeiros cristãos de Jerusalém praticaram (At 2,42-47; 4,32-35). Era isso que fazia Cornélio (At 10,2).

> **O exemplo de Zaqueu**
> Leia Lucas 19,1-10, seguindo estes passos:
> **1.** Descubra, na pirâmide social, onde se situava Zaqueu antes de conhecer Jesus;
> **2.** Relacione a fala de Zaqueu com o pedido de João Batista em 3,11;
> **3.** Grave bem o que ele fez com os 50% que lhe restaram;
> **4.** Veja, na pirâmide, qual é o novo lugar social de Zaqueu;
> **5.** Compare com o lugar social de Jesus em 9,58.

5. O Evangelho dos pobres

Lucas é o Evangelho que mais aborda o tema da pobreza, a ponto de podermos chamá-lo "O Evangelho dos pobres". De fato, desde o início, nota-se a predileção de Deus pelos despossuídos. Em primeiro lugar, os pais de João Batista (1,5-25). Vivem nos morros da Judeia como casal idoso e pobre. Isso se pode deduzir do fato de Zacarias exercer sua função sacerdotal somente uma semana ao ano. Ele pertence ao "baixo clero", que vive afastado do Templo e de suas regalias.

Os pais de Jesus também são pobres. Notamos isso a partir de 2,24, quando eles oferecem em sacrifício um par de pombinhos, que é a oferta dos pobres.

No deserto, já adulto, João Batista propõe a partilha como ação concreta que prepara o caminho para a chegada do Salvador (3,1-18).

A primeira apresentação oficial de Jesus, na sinagoga de Nazaré, mostra qual seu programa de vida: "O Espírito do Senhor está sobre mim, porque ele me consagrou com a unção, a fim de levar a boa notícia aos pobres..." (4,18).

Com essa chave de leitura, pode-se percorrer todo o Evangelho de Lucas e boa parte dos Atos dos Apóstolos.

Relacione: Leia Lucas 6,20-26 e relacione os opostos.

FELIZES			AI!
Pobres	❶	○	Elogiados
Famintos	❷	❶	Ricos
Choram	❸	○	Falsos profetas
Odiados, expulsos, amaldiçoados	❹	○	Fartos
Profetas	❺	○	Riem

Respostas: 4; 1; 5; 2; 3.

6. A viagem de Jesus a Jerusalém (e sua volta ao Pai)

Lucas 9,51-19,27 é uma longa viagem de Jesus a Jerusalém. Mais que um itinerário geográfico, trata-se de uma "viagem catequética" ou, se quisermos, de uma viagem de **julgamento**. De fato, Jesus andarilho provoca as pessoas a uma tomada de posição sem meios-termos: ou com ele ou contra ele. É o que podemos notar, por exemplo, na segunda cena dessa viagem (9,57-62): três pessoas querem seguir Jesus pela metade.

Como Lucas 9,51-52 se reflete em Atos dos Apóstolos 19,21-22

Lucas 9,51-52	*Atos 19,21-22*
"Quando se completaram os dias da sua assunção, Jesus tomou resolutamente	"Quando se completaram essas coisas, Paulo tomou a resolução

> o caminho de Jerusalém e enviou mensageiros a sua frente..."
>
> de dirigir-se a Jerusalém... Enviou à Macedônia dois de seus auxiliares."

Ao longo dessa viagem, o Jesus de Lucas conta umas parábolas e é sujeito de episódios que se encontram somente nesse Evangelho. Essas parábolas e esses episódios dão cores próprias ao Jesus de Lucas. Marque, a seguir, os versículos referentes a essas parábolas e episódios:

– A parábola do bom samaritano (10,...).
– Marta e Maria (10,...).
– A parábola do pastor e da ovelha perdida (15,...).
– A parábola da mulher e da moeda perdida (15,...).
– A parábola do "filho pródigo" (15,...).
– A parábola do administrador infiel (16,...).
– A parábola do rico esbanjador e o pobre Lázaro (16,...).
– Os dez leprosos (17,...).
– A parábola do juiz injusto e a viúva persistente (18,...).
– A parábola do fariseu e o cobrador de impostos (18,...).
– Zaqueu e Jesus (19,...).

> **Exercício**
> Com paciência e perseverança, leia as parábolas e os episódios acima e tente resumir cada um deles com uma só das seguintes palavras. Exemplo: A parábola do bom samaritano pode ser resumida com a palavra COMPAIXÃO.
> Palavras: COMPAIXÃO, SOLIDARIEDADE, JUSTIÇA, MISERICÓRDIA, HUMILDADE, ESCUTA, FÉ, PARTILHA.

7. Jesus e as mulheres em Lucas: igualdade

Mais do que nos outros evangelhos, as mulheres ocupam um espaço importante e são postas em pé de igualdade com os homens. Mais ainda: às vezes são protagonistas de ações que nem os discípulos próximos a Jesus são capazes de cumprir. Vejamos alguns exemplos:

Nas narrativas da infância (capítulos 1-2), encontramos três mulheres e três homens que recebem o mesmo Espírito (veja também At 1,14 e 2,1).

Uma mulher é apresentada como modelo de discipulado perfeito: Maria, mãe de Jesus (capítulos 1-2; 11,27-28). O mesmo se diga de Maria, irmã de Marta (10,38-42). Detalhe interessante: na cultura do povo judeu, as mulheres não deviam ir ter com um mestre; e um mestre que se respeitasse não perdia tempo ensinando a mulheres.

No Evangelho de Lucas, as mulheres são servidoras à semelhança de Jesus-servidor (4,18-19). Maria de Nazaré se declara serva do Senhor e corre, às pressas, para a serra da Judeia, a fim de servir a Isabel (1,39-56). Também a sogra de Simão Pedro, apenas curada por Jesus, põe-se a servir (4,38-39). Detalhe importantíssimo: elas são as mantenedoras do ideal das aldeias, isto é, aquilo que possuem é posto à disposição de Jesus e seus discípulos (8,1-3). A própria Marta (10,38ss), em que pese a observação de Jesus, é tipo da pessoa que se preocupa em acolher bem as visitas. A viúva que se entrega totalmente (21,1-4), sem dizer palavra alguma, é expressão máxima de amor a Deus: ela não dá simplesmente coisas, mas, dando tudo o que possuía, doa-se completamente. É a atitude religiosa perfeita.

Encontramos em Lucas também mulheres marginalizadas: a viúva de Naim (7,11-17), pela qual o Senhor se enche de compaixão; a prostituta da cidade (7,36-50), que para Jesus tem expressão elevada de amor; a viúva persistente (18,1-8), que Jesus apresenta como modelo de pessoa perseverante na oração e na luta pela justiça.

Finalmente, mulheres apóstolas ou anunciadoras do Senhor Ressuscitado (24,1-11).

> **Maria Madalena, pecadora?**
> Muita gente confunde Maria Madalena com a prostituta de Lucas 7,37-51. Outros a confundem com Maria, irmã de Lázaro (Jo 11). Outros ainda pensam que ela seja a irmã de Marta (Lc 10,38-42). Finalmente, há quem a identifique com a mulher que ungiu Jesus em Betânia (Mt 26,6-13; Mc 14,3-9; Jo 12,1-8). Todas essas identificações são falsas. De Maria Madalena se diz que Jesus a libertou de sete demônios (Lc 8,2). Ela esteve junto à cruz, quando Jesus morria (Jo 19,25). Porém, a característica mais saliente de Maria Madalena é esta: nos quatro evangelhos, ela é apresentada como a primeira anunciadora da ressurreição de Jesus, fato que lhe valeu justamente o título de "apóstola dos apóstolos".

8. Lucas e o ecumenismo

Talvez, por ter sido companheiro de Paulo em suas viagens missionárias, registradas no livro dos Atos dos Apóstolos, Lucas apresente Jesus aberto a todos os povos e a todas as culturas, muito mais que os outros evangelistas. A explicação é bastante simples: enquanto Mateus escreve seu Evangelho para comunidades nitidamente judaicas, Lucas direciona sua mensagem para comunidades de outras culturas. Por isso se esforça em captar aqueles aspectos que tornam seu Evangelho mais universal, ecumênico e aberto... Vamos ver alguns detalhes.

Em primeiro lugar, a genealogia de Jesus (3,23-38) está muito diferente da genealogia apresentada por Mateus 1,1-17. Enquanto Mateus se preocupa em mostrar os antepassados de Jesus ligados aos reis de Israel, fazendo-os depender de uma promessa feita ao rei Davi, Lucas elabora a lista dos antepassados de Jesus iniciando por José e terminando em Adão, filho de Deus. Nota-se logo o caráter mais aberto e universal: Jesus não é simplesmente membro de um determinado povo, mas tem raízes comuns com todos os seres humanos, Adão e Deus.

O episódio da cura do empregado do oficial romano também é muito interessante. O milagre é narrado por Mateus (8,5-

10.13) e com substanciais diferenças por João (4,46-54). Lucas, nesse episódio, tem observações que ressaltam o respeito do oficial romano pela religião e cultura dos judeus e, vice-versa, o carinho das autoridades judaicas em relação ao chefe pagão. De fato, os líderes judeus insistem com Jesus, dizendo: "O oficial romano merece que lhe faças este favor, pois ele ama nosso país, e até construiu nossa casa de oração" (7,4-5). Esse detalhe, próprio de Lucas, revela a sensibilidade do oficial pagão pela religião dos judeus. Além de não impedir a prática da religião judaica, estimula-a, construindo a sinagoga.

Quando Jesus está para entrar na casa do oficial pagão, ele, pensando ser Jesus um judeu tradicional, faz de tudo para não constrangê-lo a violar os preceitos religiosos dos judeus, pois eles não podiam entrar na casa de um pagão sem se contaminar. O oficial, então, quando vê Jesus chegando, envia ao encontro dele alguns amigos para lhe dizerem: "Senhor, não te incomodes, porque não sou digno de que entres em minha casa; eu mesmo não me considerei digno de ir a teu encontro. Mas dize uma palavra, e meu empregado ficará curado" (versículos 6-7).

Você pode, nessa mesma linha, ler o texto paralelo de Atos dos Apóstolos, capítulo 10. Leia com muito cuidado, pois o preconceituoso não é Cornélio, o oficial romano, e sim o próprio Pedro.

Outro episódio exemplar encontra-se em 9,51-56. Jesus está iniciando sua longa viagem para Jerusalém e sua volta para o Pai. Está na Galileia e, para chegar a Jerusalém, tem de atravessar a Samaria. Ora, sabemos que judeus e samaritanos não se dão bem, e o motivo maior está ligado à religião (veja o capítulo 4 do Evangelho de João). Jesus envia a sua frente dois discípulos para que lhe preparem um lugar a fim de pernoitar. Os samaritanos, porém, vendo-os se dirigirem a Jerusalém, negam-lhes hospitalidade, atitude grave na cultura do tempo e do lugar. Diante disso, dois discípulos de Jesus pedem licença para invocar a ira divina, que acabaria com os samaritanos, fazendo cair sobre eles raios mortais. Jesus, porém, longe de se queixar dos samaritanos, repreende os discípulos, dando a entender que a xenofobia e o fanatismo religioso são atitudes mais graves que a recusa de hospitalidade. O tempo iria dar razão a Jesus. De fato, a Samaria é a primeira região fora da Judeia a acolher a mensagem de Jesus (veja At 1,8; 8,4-8).

> **Para refletir**
> Leia Lucas 10,29-37 e perceba como um samaritano, tido pelos judeus como herege, tem autêntica atitude religiosa. Nessa mesma direção, leia o episódio dos dez leprosos (Lucas 17,11-19).

Há também o episódio no qual Jesus envia os 72 discípulos (10,1). Em Lucas, atribui-se aos 72 discípulos aquilo que em Mateus 10 é prerrogativa dos Doze Apóstolos. É bom lembrar que o número 72 recorda as nações de Gênesis 10. Para Lucas, que juntamente com Paulo não fez parte do grupo dos Doze Apóstolos, a missão não é monopólio de uns poucos, mas compromisso de todos, representados pelo número 72.

Quando Jesus morre na cruz, um pagão reconhece aquilo que muitos judeus – sobretudo o Sinédrio – recusam-se a reconhecer, ou seja, que Jesus é justo (23,47).

Finalmente, mas não querendo ser exaustivo, lembremos o episódio de Jesus comendo peixe assado após a ressurreição (veja Lc 24,36-43). Lucas é o único evangelista a recordar essa cena, e o faz tentando inculturar a mensagem em um contexto de cultura grega que dificilmente admitia a ressurreição do corpo.

> **Para quem deseja continuar...**
> Este breve estudo teve a pretensão de criar interesse em torno do Evangelho de Lucas. Foram dados alguns passos e oferecidas algumas chaves de leitura. Com elas, você pode "pôr o pé na estrada", pois a caminhada é longa, e Lucas escreveu sua obra justamente na intenção de fazer as pessoas caminharem. E lembre-se: o caminho se faz caminhando.

4
Os Atos dos Apóstolos

I. ANTES DE ABRIR O LIVRO

1. Os Atos dos Apóstolos no plano da obra de Lucas

O livro conhecido como Atos dos Apóstolos é a segunda parte de uma obra em dois volumes (veja, acima, "O Evangelho de Lucas"). Seu autor é o maior escritor do Novo Testamento. Quando escreveu sua obra, já existiam os evangelhos de Marcos e de Mateus. Esses dois surgiram depois que o apóstolo Paulo escreveu suas cartas. Calcula-se que Lucas tenha escrito por volta do ano 85, mais de 50 anos após a ressurreição de Jesus e a vinda do Espírito Santo.

No início de cada uma das partes, menciona-se certo Teófilo (nome que significa "Amigo de Deus" – Lucas 1,3 e Atos dos Apóstolos 1,1). Não sabemos se se trata de pessoa real ou simbólica. Pode ter sido um cristão que bancou as despesas do trabalho, mas pode também ser uma espécie de "apelido carinhoso" dado por Lucas aos leitores de sua obra.

Isso faz pensar nos destinatários do trabalho de Lucas. Esse detalhe é importante, pois cada um dos evangelhos tinha como finalidade iluminar a caminhada de comunidades cristãs bem determinadas. A inteira obra de Lucas era destinada a ajudar as muitas comunidades ligadas ao apóstolo Paulo, animando-as no cotidiano de sua caminhada. Aliás, pode-se até arriscar uma hipótese de um dos motivos que levaram esse autor a escrever. Estaríamos vendo o esforço de Lucas em resgatar a figura de Paulo como evangelizador, pois, vinte anos após sua morte (ocorrida entre 64 e 68), sua garra e determinação corriam o risco de acabarem esquecidas.

É nessa linha que se pode olhar toda a obra de Lucas. De fato, mais da metade dos Atos dos Apóstolos é dedicada à pessoa de Paulo. Ele é apresentado como o melhor discípulo de Jesus, apesar de não ter vivido com ele, como os Doze apóstolos. Ele foi capaz de entender e ver de modo profundo a pessoa e a mensagem do Senhor, transmitindo-a, em outros tempos e lugares, para pessoas de outras raças e culturas. Um detalhe ajuda a abrir o leque. Jesus viveu praticamente toda a sua vida em um espaço geográfico pequeno, falando em aramaico para pessoas de cultura judaica e com linguajar próprio dos camponeses e pescadores. Paulo, ao invés, falou e escreveu sobre Jesus em grego, em um espaço geográfico sem fronteiras, para pessoas de cultura grega e romana, com linguajar próprio da cultura das grandes cidades do Império Romano.

Portanto, com certeza, pode-se afirmar que os Atos dos Apóstolos mostram Paulo como aquele que dá sequência à prática de Jesus, detalhada no Evangelho de Lucas.

No livro dos Atos dos Apóstolos, encontramos várias passagens em que os fatos são narrados na primeira pessoa do plural (16,10-17; 20,5-21,18; 27,1-28,16). Uma antiga tradição vê nesse fato a presença de Lucas entre os companheiros de Paulo em suas viagens missionárias.

2. Uma obra bem "amarrada"

É aconselhável estudar a obra de Lucas, tendo presente aquilo que foi dito acima, pois uma parte remete à outra, uma depende da outra. Podemos perceber isso examinando algumas "amarras" entre os dois volumes. Certamente o autor quis unir a prática de Jesus, descrita no Evangelho, com a práxis dos apóstolos no livro dos Atos dos Apóstolos.

Uma dessas amarras é o tema do caminho. Ele se encontra em Lucas (9,51-19,27) e continua no livro dos Atos dos Apóstolos. De fato, nesse livro, o movimento de Jesus é simplesmente chamado de "O Caminho" (9,2; 18,25.26; 19,9.23; 22,4; 24,14.22).

Outra amarra importante é a presença do Espírito. No começo do Evangelho de Lucas, temos uma espécie de "pequeno Pentecostes". O Espírito se manifesta em várias pessoas: João Batista (1,15); Maria (1,35); Isabel (1,41); Zacarias (1,67); Simeão (2,25-27); Ana, a profetisa (2,36); e, finalmente, está presente em Jesus (3,16.22; 4,1; 4,14.18), que o promete aos apóstolos (24,49; comparar com 1,35). Nos Atos dos Apóstolos, o Espírito é mencionado 55 vezes, e tudo recomeça com sua chegada no dia de Pentecostes. (2,1-11; veja também 10,47; 13,2; 15,28; 16,6). Prometido em 1,8, ele *impele para fora*, conduzindo o testemunho até os confins do mundo que, para Lucas, é a capital do Império Romano, Roma. De fato, ele dá por encerrada sua obra quando mostra Paulo dando testemunho de Jesus no coração do Império.

O tema do testemunho é outra importante amarra. Há uma ponte entre o Evangelho e o livro dos Atos dos Apóstolos. Com efeito, em Lucas 24,48, Jesus confere aos discípulos a missão de serem suas testemunhas. Na segunda parte de sua obra, os apóstolos não fazem senão testemunhar acerca de Jesus (veja 1,8.22; 2,32.40; 3,15; 4,33; 5,32; 10,39.41; 18,5; 22,15; 26,5.16). O testemunho está em grande parte condensado nos discursos de Pedro, na primeira parte (até o capítulo 12), e nos discursos de Paulo, na segunda parte (do capítulo 13 ao 28). Os discursos seguem-se a acontecimentos importantes, explicando-os e aprofundando-os.

Veja, a seguir, alguns episódios que justificam aquilo que estamos dizendo.

Episódios que aparecem em Lucas e Atos dos Apóstolos

Episódio	Lucas	Atos
Oficial romano	7,1-10	10
Ressurreição de uma menina	8,49-56	9,36-42
Transfiguração	9,28-36	7,55-56; 9,4-9
Tempestade acalmada	8,22-25	27,13-26
Começo da grande viagem	9,51	19,21
Linguagem irresistível	21,15	6,10
Diante das autoridades	21,12; 22,66; 23,1-12	6,12-13; 23-26
Perdão dos inimigos	23,34	7,60
Páscoa de Jesus e Páscoa de Pedro	22,7	12,1-11

Às vezes, há pequenos detalhes que são descobertos somente após atentas leituras. Veja, por exemplo, as "roupas milagrosas" de Jesus (Lc 8,44), de Pedro (At 5,15) e de Paulo (19,12).

O livro dos Atos dos Apóstolos cobre um período de mais ou menos 30 anos de história, os primeiros anos da Era Cristã (do ano 30 ao 60 aproximadamente). Mas não se trata de história exatamente no sentido que nós lhe damos. História para eles e para nós não é a mesma coisa. O objetivo da história para Lucas é educar na fé, mostrar Deus agindo na história.

II. ABRINDO O LIVRO

1. Olhando de perto o livro dos Atos dos Apóstolos

Os Atos dos Apóstolos têm basicamente duas partes: a primeira abraça os doze capítulos iniciais, e a segunda os capítulos restantes (13 a 28). Sob a ação do Espírito Santo (1,8), o testemunho, que nasce de Jerusalém (1-7), espalha-se para fora: Judeia, Samaria (8-12) e até os confins do mundo (13-28).

Na primeira parte, a figura principal é o apóstolo Pedro; na segunda, o protagonista é Paulo. De modo semelhante, temos, em cada parte, duas igrejas diferentes entre si. Na primeira parte, sobressai a comunidade cristã de Jerusalém, composta de judeus que continuam fiéis ao Templo e à prática da Lei de Moisés. Pedro está de alguma forma ligado a essa igreja. Na segunda parte, destaca-se a igreja de Antioquia da Síria, da qual faz parte o apóstolo Paulo e a qual é composta de não judeus.

Na primeira parte, Lucas convida a olhar para dentro, focalizando a comunidade cristã de Jerusalém, que tem alguma abertura para fora, na própria Judeia e na Samaria. Mas, na segunda parte, olha-se para fora, para os não judeus, para os desafios de inculturar a mensagem em novas realidades. Esse duro trabalho, guiado pelo Espírito de Jesus, obtém grande sucesso. De fato, quando os Atos dos Apóstolos são escritos, os povos, idealmente colocados em Jerusalém no dia de Pentecostes (2,1-11), já são evangelizados graças à ação do Espírito "para fora", abrangendo três continentes.

Um elemento comum às duas partes são os discursos ao povo ou em um contexto de tribunal. Funcionam como pregações, anúncio fundamental (que os estudiosos chamam de "querigma"). Os mais importantes são estes:

Na primeira parte destacam-se Pedro e Estêvão:
    1. Depois de Pentecostes (2,14b-39);
    2. Depois de curar o paralítico (3,12b-26);

3. Diante do Sinédrio – discurso em um contexto de tribunal (4,8b-12; 5,29b-32);
4. Estêvão (7,2b-53). Note como termina esse discurso, sem apelo à conversão, como os dois primeiros discursos de Pedro;
5. Pedro na casa de Cornélio (10,34b-43).

Na segunda parte, destaca-se Paulo:
1. Em Antioquia da Pisídia (13,16b-41: 1ª viagem);
2. Em Atenas (17,22b-32: 2ª viagem);
3. Em Mileto (20,18b-35: 3ª viagem);
4. Em Jerusalém (22,1-21: início da 4ª viagem);
5. Em Cesareia, diante do rei Agripa (26,2-23).

Outro elemento comum às duas partes: os milagres. Confira:

Compare em sua Bíblia

Pedro	Paulo
3,1-10: Cura de um aleijado	14,8-10: Cura de um aleijado
9,36-42: Ressurreição de Tabita	20,7-12: Ressurreição de Êutico

Outros elementos comuns às duas partes:

12,1-19: Libertação de Pedro	16,25-40: Libertação de Paulo e Silas
8,9-24: Magia	13,4-12: Magia
10,1-11,18: Pedro se dirige aos pagãos	13-28: Paulo se dirige aos pagãos

2. Grupos importantes interagindo em Atos dos Apóstolos

Nos Atos dos Apóstolos, existem vários grupos que valem a pena serem conhecidos para se entender bem a mensagem do livro. Eis os principais:

Helenistas: judeus de fala (e em parte de cultura) grega, que tinham vivido fora da Palestina ou que ainda viviam (nesse caso, chamados de "judeus da Ásia"). Dispunham de sinagogas particulares em Jerusalém, onde se lia o Antigo Testamento em grego. São os maiores opositores de Paulo e de seu trabalho. Deles se fala em Atos dos Apóstolos 6,1; 6,9-10; 7,58; 9,1; 9,29; 21,27; 24,19. O grupo dos helenistas se dividiu: parte aderiu a Jesus (grupo de Estêvão) e parte não. Estêvão era em Jerusalém líder de helenistas convertidos ao movimento de Jesus. Foram os helenistas que fundaram a comunidade de Antioquia da Síria.

Hebreus: judeus nascidos e residentes na Palestina, de fala e cultura aramaica, que liam o Antigo Testamento em hebraico.

Prosélitos: a palavra significa "alguém que se aproxima". Eram pagãos que aceitavam totalmente o judaísmo e também sua cultura. Eram circuncidados, "batizados" (banho ritual) e ofereciam sacrifício no Templo. Atos dos Apóstolos 13,43 fala de prosélitos que aceitaram a pregação de Paulo e Barnabé e eram discriminados.

Tementes a Deus: pagãos simpatizantes com o judaísmo, sem assumir as exigências radicais dos prosélitos. Muitos dos que aderiram a Paulo eram tementes a Deus (Atos dos Apóstolos 13,16.26; 14,1; 16,14; 17,4; 17,12; 17,17; 18,4.7).

Judaizantes: judeu-cristãos praticantes da Lei pretendiam obrigar os pagãos que se convertiam a Jesus a se tornarem judeus como condição primeira para serem cristãos. Atos dos Apóstolos 15 gira em torno dessa problemática.

Libertos: de acordo com Atos dos Apóstolos 6,9, havia uma sinagoga em Jerusalém. Certamente eram judeus, provavelmente, descendentes dos judeus que Pompeu levou cativos para Roma quase cem anos antes e que, depois de obter a liberdade, retornaram a Jerusalém. Junto com cireneus, alexandrinos e judeus da Cilícia e da Ásia, tornam-se os inimigos de Estêvão e responsáveis pela sua morte.

3. Dois tipos de comunidade

Nos Atos dos Apóstolos, encontram-se dois tipos de comunidade (igreja), cada qual com seus valores e desafios. Trata-se da igreja-mãe que se encontra em Jerusalém e da igreja de Antioquia da Síria.

    a. A comunidade de Jerusalém. Seu perfil é descrito em 2,42-47; 4,32-35; 5,12-16.

– Liderança e ensinamento dos apóstolos.
– Ágape (eucaristia) nas casas.
– Comunhão de bens.
– Comunidade melhor que a da primeira aliança (veja Dt 15,7-11);
– Implanta o ideal das aldeias na cidade (veja, acima, "O Evangelho de Lucas").
– Ligada ao Templo e à prática da Lei de Moisés (21,20).
– Uma só raça: são todos judeus.
– Uma só cultura (exceto no caso dos helenistas).
– Realiza as utopias de alguns grupos de filósofos da época, que propunham mais igualdade; assim, a comunidade atraía mais pessoas.
– Pouca abertura para o mundo (veja 11,1-3).
– Sujeita a tensões e conflitos: a tentativa de corrupção religiosa por parte de Ananias e Safira (5,1-11; 8,9-24); descuido das viúvas helenistas (6,1-7).

    b. A comunidade de Antioquia da Síria. Seu perfil é apresentado em 11,19-30; 13,1-3.

– Sem apóstolos, com a liderança de profetas e doutores.
– Fundada por helenistas.

– Ágape (eucaristia) nas casas (veja Gl 2,11-14).
– Independente do Templo e da prática da Lei de Moisés.
– Diversidade de raças (judeus e não judeus; pessoas nascidas em outros continentes).
– Diversidade de culturas.
– Aberta para o mundo (é daqui que nasce a missão para fora, representada pelas viagens de Paulo).
– Solidária com os pobres de Jerusalém (veja Gl 2,10).
– Geradora da identidade dos seguidores de Jesus. Eles passam a se chamar "cristãos".
– Sujeita a tensões e conflitos, como no caso de judeu-cristãos e pagãos convertidos (veja Gl 2,11-14).

> **Teste suas capacidades**
> Leia Atos dos Apóstolos, capítulo 15, e veja como as diferenças entre os dois tipos de igreja se manifestam. Anote suas conclusões.

4. Conflitos em Atos dos Apóstolos

Há muitos conflitos e muitas tensões em Atos dos Apóstolos:
- Dentro de uma comunidade: 5,1-11; 6,1-6; 11,1-4; 9,26-30 (do ideal ao real).
- Entre comunidades cristãs: 11,22-26 e 13,1-3 comparados com Gálatas 2,1-14. Comunidade "apostólica" x comunidade "não apostólica": 15,1-2.
- Entre lideranças de comunidades: Atos dos Apóstolos 15,36-40; Gálatas 2,11-14; Atos dos Apóstolos 19,13-17; 21,17-26.
- Da comunidade com o Sinédrio (Templo): 4,1-22; 5,17-41; 6,13; 22,30-23,10.
- Da comunidade com a sinagoga/judeus 6,8-8,1; 13,45-47; 17,1-9; 18,4-6; 20,3; 21,27-36.
- Da comunidade com o poder político: 12,1-19; 17,6-9; 18,12-17; capítulos 24-26.

- Da comunidade com o poder econômico: 16,16-24; 19,23-40.
- Da comunidade com os poderosos da sociedade: 13,50.
- Da comunidade com a magia ou superstição: 8,9-24; 13,4-12; 14,11-18; 16,16-18; 19,18-19; 28,1-6.

5. As mulheres em Atos dos Apóstolos

Na obra de Lucas, as mulheres ocupam lugar importante, equiparado ao dos homens. No livro dos Atos dos Apóstolos, muitas delas comparecem, exercendo as mais variadas funções. Salientamos alguns aspectos.

Em primeiro lugar, as mulheres e Maria, a mãe de Jesus (1,14). O destaque da mãe de Jesus é evidente. Ela serve de ponto de coesão entre todos os que se encontram naquela casa, pois já fez a experiência da ação do Espírito Santo em sua vida, no momento em que concebeu o Salvador. Nada mais natural que seja um elo entre todos à espera da grande manifestação do Espírito no Pentecostes.

De fato, a narração da vinda do Espírito começa afirmando que estão todos reunidos no mesmo lugar (2,1). É impossível imaginar que o Espírito tenha descido apenas sobre os Doze apóstolos. Com efeito, nas primeiras palavras de Pedro, cita-se o profeta Joel, confirmando aquilo que ele profetizou, ou seja, que também as mulheres receberiam o Espírito (veja At 2,17-18, citação de Jl 3,1-5). As mulheres são chamadas de *servas*, título que, em muitos livros da Bíblia, é dado aos profetas (servo = profeta).

Em 9,36-43, temos o episódio da ressurreição de Tabita. É uma mulher de posses, pois em sua casa há dois pisos. No andar de cima, reúne as viúvas, em uma espécie de "pastoral da mulher desamparada". A atividade artesanal dessa mulher (túnicas e mantos) visa ao atendimento das viúvas.

Em 12,12 e seguintes, encontramos Maria, mãe de João Marcos, que dirige em sua casa um grupo de oração. O detalhe da liderança de uma comunidade de fiéis encontra-se também no episódio de Lídia (veja At 16,14 e seguintes). Deve-se notar que estamos diante do surgimento da primeira igreja europeia, e isso acontece na casa de uma mulher cristã. O fato parece irrelevante, mas não o é. Ainda hoje, no mundo judaico, para que haja celebração, são necessários pelo menos dez homens, não importando a quantidade de mulheres presentes.

> **Continuando a pesquisa**
> Você pode continuar desenvolvendo esse tema, lendo e aprofundando as seguintes passagens: 8,27; 13,50; 14,8; 16,1; 16,16-18; 17,4; 17,12; 17,34; 18,2; 18,18.26; 19,23 e seguintes; 21,5; 21,9; 22,4; 23,16; 24,24; 25,13.23.

6. A corrupção em Atos dos Apóstolos

Um tema importante e válido no estudo dos Atos dos Apóstolos é o da corrupção, tanto no campo religioso quanto no político. Algumas indicações podem ser úteis e mostram como é difícil e desafiador permanecer no caminho de Jesus, que pede retidão, equidade e justiça a seus seguidores.

• Tentativa de corrupção no campo da religião: 5,1-11; 8,9-24. Nessa ótica podem ser vistos outros textos: 13,4-12; 14,11-18.
• A corrupção no campo econômico: 16,16-24; 19,23-40.
• Corrupção no campo político (deve-se, contudo, ter presente a visão complacente que Lucas tem do Império Romano): 17,6-7; 18,12-17; 24,26. Comparar 25,2-3 com 25,9 para descobrir como Festo está disposto a eliminar Paulo para agradar aos judeus. Note-se um detalhe a respeito das acusações políticas contra Paulo: são as mesmas feitas contra Jesus, ou seja, acusação política com respaldo na religião.

7. Viagens de Paulo e fundação de comunidades
(capítulos 13-28)

Por volta do ano 55, cerca de dez anos após ter-se tornado missionário itinerante e fundador de comunidades, Paulo escreve aos coríntios dizendo: "Fiz muitas viagens" (2Cor 11,26).

O fim dos Atos não é necessariamente o fim das viagens desse evangelizador, pois de Roma tencionava ir à Espanha. E, segundo as cartas a Timóteo e a Tito, deve ter voltado à Ásia. É impossível saber quantas foram as viagens de Paulo ao longo dos mais de vinte anos, desde que começou até a morte. Paulo não viajava nem trabalhava sozinho. Suas viagens eram planejadas e preparadas com cuidado, mas nem sempre os planos davam certo e tinham de ser mudados (2Cor 1,15-2,1).

Viajava de navio, ia a pé, seguindo as grandes estradas do Império Romano. Elas foram abertas para fins militares (deslocamento do exército), comerciais (transporte dos bens produzidos) e de comunicação (correios).

Com quais recursos Paulo viajava? Atos dos Apóstolos e cartas concordam que o dinheiro para os gastos vinham tanto do trabalho pessoal quanto da colaboração das comunidades. Em Atos dos Apóstolos 18,3, diz-se que ele era fabricante de tendas; em 20,34-35 há um texto em que ele afirma: "Minhas mãos providenciaram o que era necessário para mim e para os que estavam comigo".

Nos Atos dos Apóstolos, Lucas relata quatro viagens de Paulo. Mas é necessário tomar com cautela essas informações, pois ele simplesmente escolhe alguns episódios interessantes, omitindo outros. É possível descobrir alguns temas ou fatos comuns nas quatro viagens. Salientamos quatro:

1. Uma realidade nova provocada pelo anúncio do Evangelho (normalmente o enfrentamento da magia ou superstição);

2. Um pronunciamento de Paulo (discurso), a cada viagem para um público diferente. Nesse Lucas condensa a catequese de Paulo;

3. Um milagre, que recorda a prática de Jesus presente nas ações de Paulo;

4. Uma tribulação.

A ordem desses acontecimentos não é sempre a mesma, e cada viagem tem uma característica.

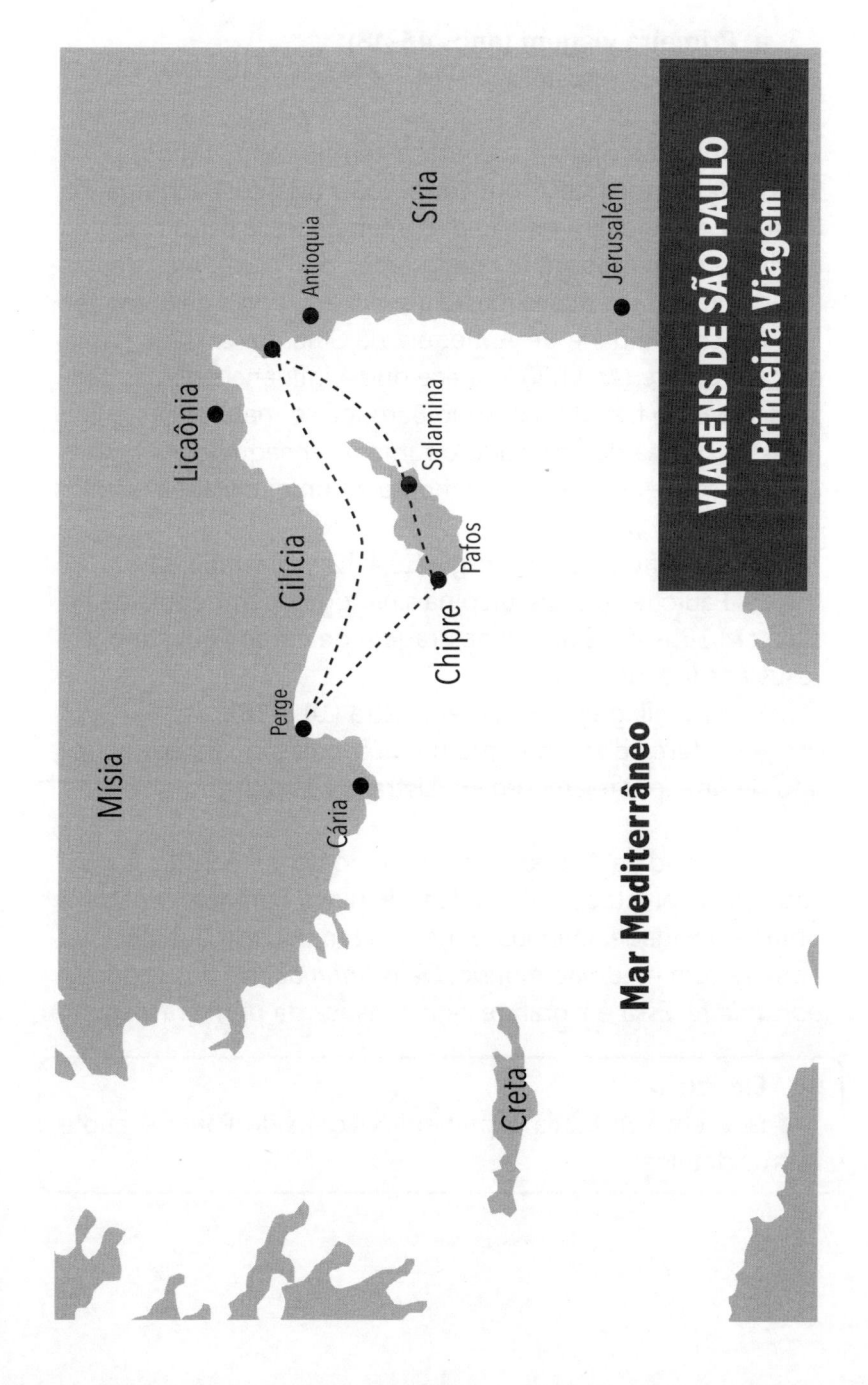

Os Atos dos Apóstolos

VIAGENS DE SÃO PAULO
Primeira Viagem

a. Primeira viagem (anos 46-48):
Atos dos Apóstolos 13-14

A primeira viagem começa e termina em Antioquia da Síria. É feita por mar e por terra. João (Marcos) acompanha Barnabé e Paulo. Em princípio, Barnabé parece ser o chefe da equipe evangelizadora (é citado antes de Paulo), mas depois Paulo comanda as ações (passa a ser citado antes de Barnabé).

Na comunidade de Antioquia da Síria, há cristãos nascidos em Chipre (At 11,20). Parece que a influência dessas pessoas, além do fato de o próprio Barnabé ser natural dessa ilha (At 4,36), tenha determinado o rumo a ser seguido. As quatro colunas sobre as quais Lucas monta a primeira viagem são:

1. O confronto com a magia (13,4-12; veja também 14,1-18).
2. Paulo faz um discurso na sinagoga de Antioquia da Pisídia (13,16b-41). É uma amostragem de como Paulo anuncia Jesus aos judeus.
3. Um milagre de Paulo em Listra (14,8-10).
4. O tema do sofrimento ou da tribulação aparece no relato de um apedrejamento em Listra (14,19-20).

A chegada a Antioquia da Síria, ponto de partida, é marcada pela "prestação de contas": Paulo e Barnabé contam a grande novidade sonhada por essa comunidade que decidira abrir-se sem medo ao mundo: *Deus tinha aberto aos pagãos a porta da fé.* Essa é a grande característica da primeira viagem.

Exercício
Leia em sua Bíblia a primeira viagem de Paulo e anote outros detalhes.

b. Segunda viagem (anos 49-52):
Atos dos Apóstolos 15,36-18,23a

A segunda viagem também começa e termina em Antioquia da Síria e acontece depois do encontro de lideranças cristãs em Jerusalém (At 15). A viagem nem começa e já temos uma crise. O pivô parece ser João Marcos, que abandona a equipe na primeira viagem (veja 13,13b). Paulo e Barnabé se separam. Barnabé segue o caminho da primeira viagem, indo a sua terra, Chipre, com João Marcos. A abertura ao mundo prossegue com Paulo e Silas-Silvano.

Lucas concentra-se na pessoa de Timóteo, que fará parte da equipe. Timóteo era de Listra, cidade onde Paulo fora apedrejado na primeira viagem (14,19-20).

Lucas tem pressa em mostrar a grande característica da segunda viagem: *o Evangelho entrando na Europa*. Um macedônio (isto é, um europeu) aparece a Paulo em uma visão e pede ajuda. Trôade, cidade da Ásia, fica a pouca distância de Neápolis e Filipos, as duas primeiras cidades europeias a acolher Paulo.

Em 16,10, temos a mudança na forma de narrar os fatos. Passa-se a relatar os acontecimentos a partir da primeira pessoa do plural ("procuramos", "estávamos convencidos" etc.). Para muitos, a partir desse momento, Lucas começa a fazer parte da equipe evangelizadora que entra na Europa. Os elementos comuns são:

1. um confronto com a magia ou superstição (16,16-18);
2. um milagre de Paulo (exorcismo – 16,18);
3. uma tribulação (16,19-40);
4. um discurso-pregação de Paulo (17,22-31).

Evangelhos sinóticos e Atos dos Apóstolos

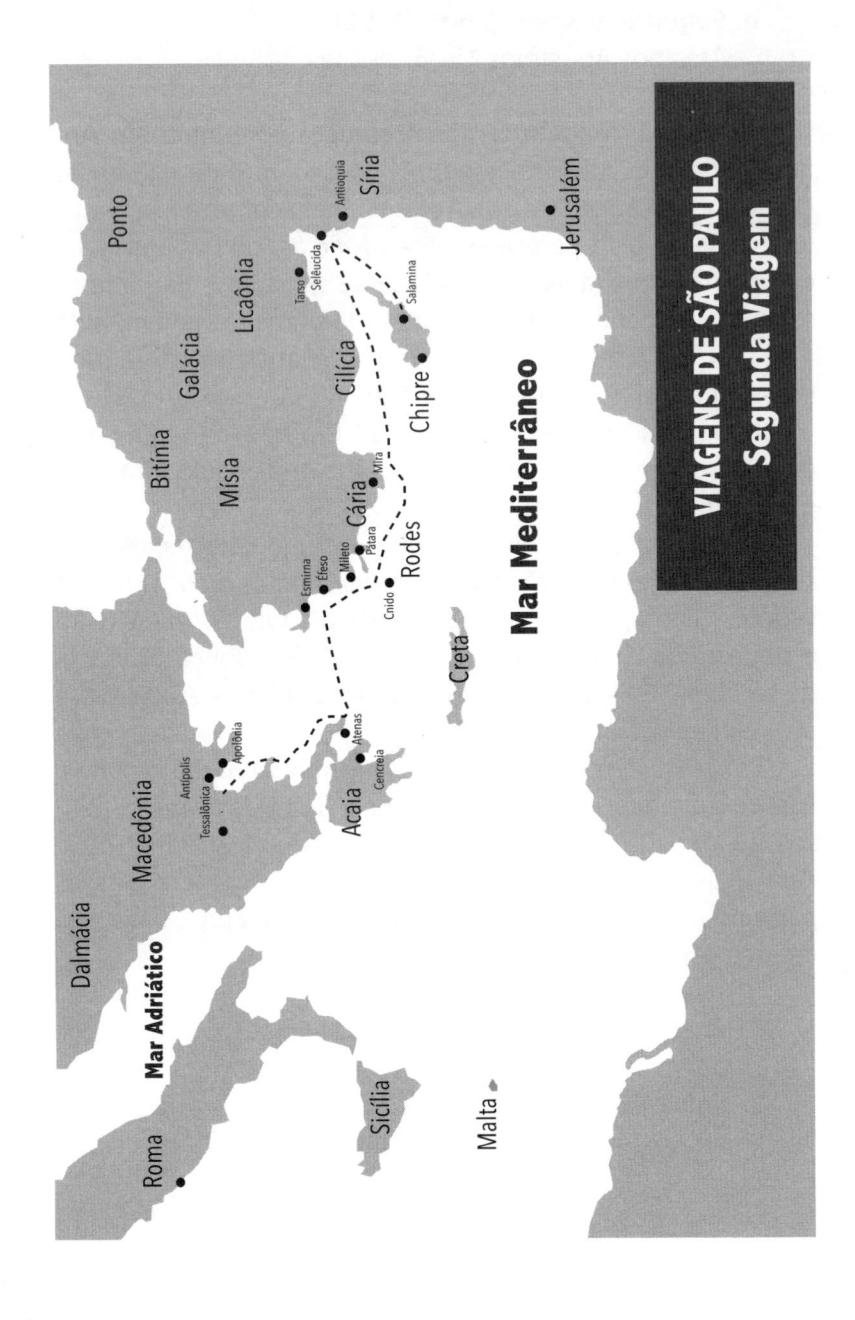

**VIAGENS DE SÃO PAULO
Segunda Viagem**

> **Exercício**
> Leia a segunda viagem de Paulo e anote outros detalhes. Compare o discurso da primeira viagem com o da segunda e observe as diferenças (de local, público, metodologia etc.).

O episódio de Atenas deve ter feito Paulo repensar muitas coisas, pois foi a Corinto, fazendo justamente o que os intelectuais não queriam fazer, ou seja, trabalhar com as próprias mãos (At 18,3; 1Cor 4,12). Viveu, nesse lugar, um ano e meio (At 18,11). Foi nesse tempo que surgiu o primeiro texto escrito do Novo Testamento, a primeira carta aos Tessalonicenses. A chegada de Timóteo, vindo de Tessalônica com boas notícias a respeito da perseverança e dos progressos dessa comunidade, gerou esse texto (veja 1Ts 3,6). Era o ano 51.

O conflito explode em Corinto (At 18,12-17) e Paulo é acusado de subversão política, como Jesus.

> **Magia**
> A maioria das pessoas admira e aplaude as mágicas nos espetáculos públicos. Como, então, entender a rejeição da magia por parte da Bíblia? Acontece que magia e mágica não são a mesma coisa. Todos sabem que os mágicos são hábeis nos truques, por isso aplaudimos sua habilidade, corroborada, às vezes, por efeitos especiais. No caso da magia, ela é vista como algo que tem poderes ocultos e, às vezes, até pretende anular o poder de Deus, como no caso do mago Elimas, na ilha de Chipre, durante a primeira viagem de Paulo. Em casos semelhantes, a magia – e também a superstição – é quase a mesma coisa que idolatria e afasta as pessoas do caminho de Deus.

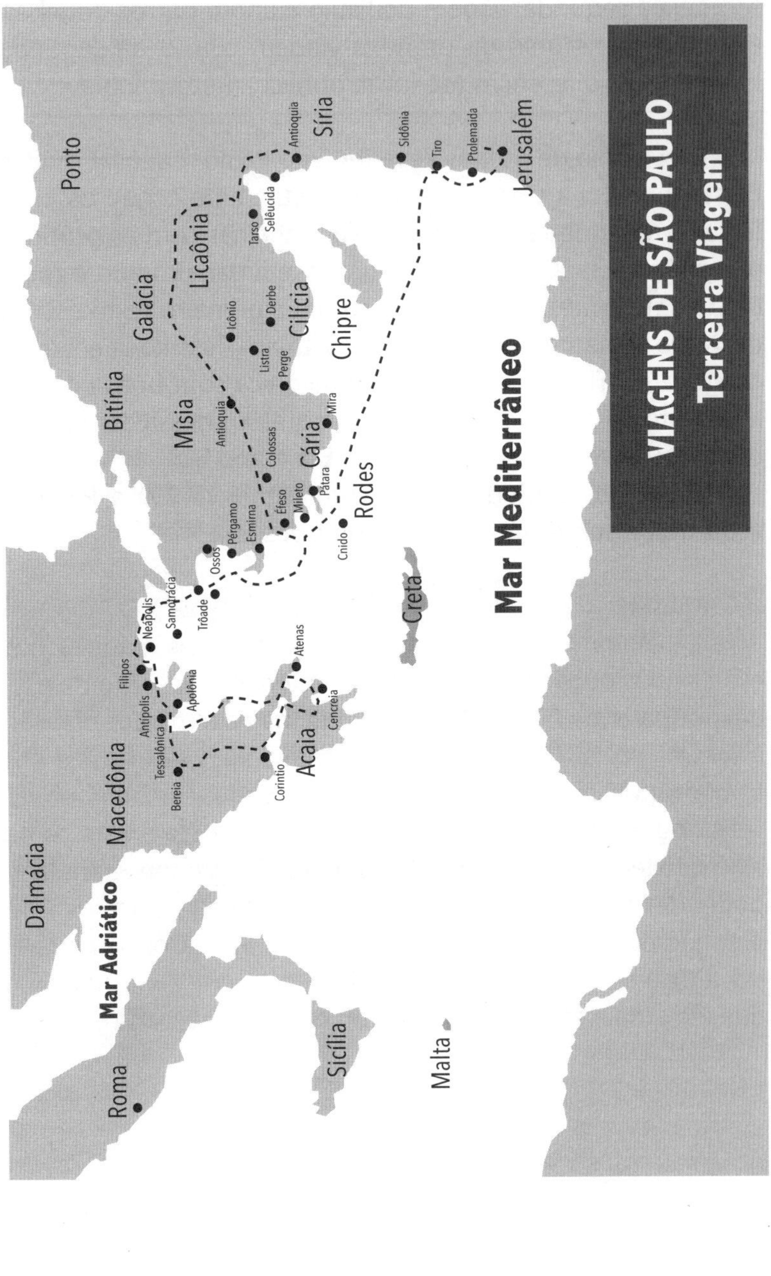
VIAGENS DE SÃO PAULO
Terceira Viagem
Ponto
Bitínia
Galácia
Licaônia
Mísia
Síria
Antioquia
Selêucida
Tarso
Icônio
Derbe
Cilícia
Listra
Perge
Antioquia
Chipre
Sidônia
Tiro
Ptolemaida
Jerusalém
Mira
Colossas
Cária
Pátara
Rodes
Éfeso
Mileto
Pérgamo
Esmirna
Cnido
Ossos
Trôade
Samotrácia
Neápolis
Filipos
Anfípolis
Apolônia
Tessalônica
Bereia
Atenas
Cencreia
Acaia
Corintio
Creta
Mar Mediterrâneo
Macedônia
Dalmácia
Mar Adriático
Sicília
Malta
Roma

c. Terceira viagem (anos 53-57):
Atos dos Apóstolos 18,23b-21,17

A terceira viagem também começa em Antioquia da Síria, mas termina em Jerusalém, provavelmente contra a vontade de Paulo, que foi levar o resultado do mutirão internacional de solidariedade e acabou preso.

Éfeso, capital da Ásia, foi o pivô da terceira viagem. Sua permanência nessa cidade foi fundamental no esquema das viagens proposto por Lucas. Paulo demorou-se e, por três meses, anunciou o Reino de Deus na sinagoga (19,8). Por dois anos (19,10), ensinou na escola de Tiranos. Mais adiante, no discurso de despedida, falou de três anos vividos nessa metrópole (20,31).

A principal característica da terceira viagem é esta: "Todos os habitantes da Ásia, judeus e gregos, puderam ouvir a Palavra do Senhor" (19,10b). A estada de Paulo em Éfeso foi fonte de irradiação, mediante as cartas, várias delas escritas em uma provável prisão (veja 1Cor 15,32 e 2Cor 1,8-10). Ele deve ter-se entregado a uma intensa atividade evangelizadora, com o grande número de colaboradores que faziam parte de sua equipe de evangelização. Coordenou vasta equipe de colaboradores em torno de único projeto.

Nesse período, Paulo deve ter escrito a primeira carta aos Coríntios, ido rapidamente a Corinto, partido desse lugar chocado, rejeitado, e escrito boa parte daquela que hoje conhecemos como a segunda carta aos Coríntios (veja, nesta coleção, "A segunda carta aos Coríntios").

A carta aos Gálatas certamente é desse período. Se de fato Paulo esteve preso em Éfeso, também a correspondência com Filipos deve ter surgido nesse período. Note-se que a atual carta aos Filipenses é, na verdade, um conjunto de três bilhetes: 4,10-20; 1,1-3,1 + 4,2-7.21-23; 3,2-4,1 + 4,8-9 (os dois primeiros falam de prisão, o último não). Muitos estudiosos defendem a ideia de que também a carta a Filêmon seja dessa época.

Os quatro elementos comuns são os seguintes:

1. enfrentamento da magia: a queima de livros de magia (19,18-19);
2. tribulação ou conflito (19,23-41);
3. milagre: a ressurreição de Êutico (20,7-12);
4. discurso-pregação: despedida das lideranças de Éfeso (20,18-35).

> **A recepção. Que decepção!**
> Paulo chegou a Jerusalém e teve de fazer as contas com Tiago. Descubra você mesmo.
> **1.** Leia Romanos 15,30-32, em que estão expressos os temores dele, alguns meses antes.
> **2.** Leia Atos dos Apóstolos, capítulo 21, e tente imaginar o que aconteceu com a coleta que Paulo tinha feito para ajudar os cristãos pobres de Jerusalém. Tente, ainda, imaginar por que Tiago nada fez diante da prisão de Paulo.

d. Quarta viagem (anos 59-62):
Atos dos Apóstolos 21,18-28,16

O tema principal da quarta viagem é este: *o testemunho de Jesus Cristo chega aos confins do mundo*. De fato, em 1,8 Jesus havia dito aos discípulos que seriam testemunhas dele até os extremos da terra. "Extremos da terra" é a cidade de Roma, onde Paulo chega, anuncia Jesus aos judeus. Isso para Lucas representa o encerramento do objetivo de sua obra. Não se importa com o que aconteceu a Paulo depois disso.

Paulo é preso em Jerusalém e vai *testemunhando* sucessivamente diante de vários grupos.

VIAGENS DE SÃO PAULO
Do Cativeiro a Roma

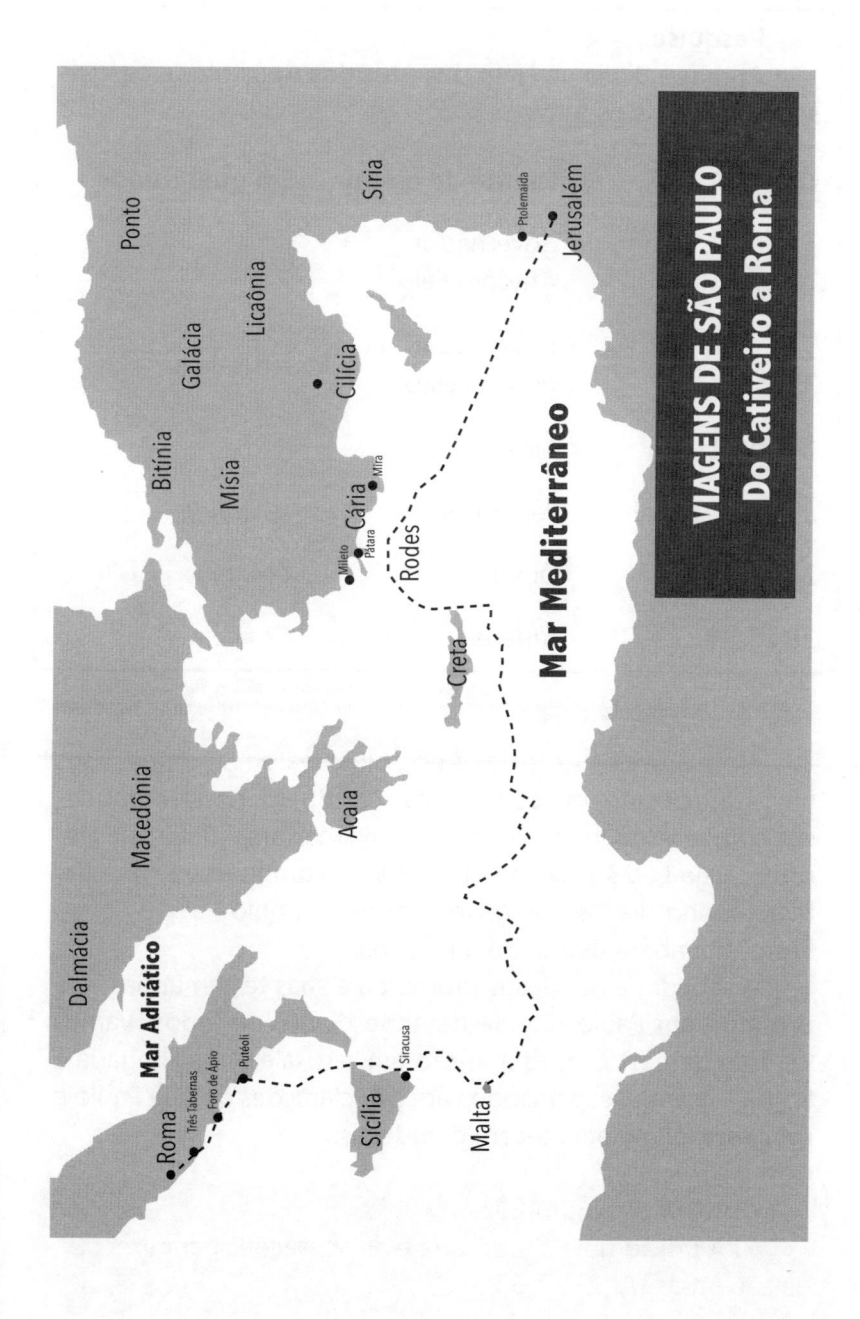

Evangelhos sinóticos e Atos dos Apóstolos

> **Pesquise**
> Abra sua Bíblia no Livro dos Atos dos Apóstolos e pesquise. Depois, una os fatos.
>
> | Citação | Diante de quem | Em qual cidade |
> |---|---|---|
> | 22,1-21 | governador Antônio Félix | Cesareia |
> | 23,1-11 | governador Pórcio Festo | Jerusalém |
> | 24,10-21 | Sinédrio | Roma |
> | 25,1-12 | rei Agripa | Jerusalém |
> | 26,1-32 | povo | Cesareia |
> | 28,17-29 | judeus | Cesareia |

Respostas: 22,1-21 Sinédrio/ Jerusalém; 23,1-11 judeus/ Jerusalém; 24,10-21 Governador Antônio Félix/ Cesareia; 25,1-12 governador Pórcio Festo/ Cesareia; 26,1-32 rei Agripa/ Cesareia; 28,17-29 povo/ Roma.

No plano dos Atos dos Apóstolos, realiza-se o que Jesus havia dito aos discípulos em Lucas 12,12b-15. Assim como Jesus compareceu "diante de reis e governadores" (Pilatos e Herodes, veja Lc 23,1-12), também Paulo comparecerá para dar testemunho diante dos governadores Antônio Félix e Pórcio Festo e também diante do rei Agripa.

A sabedoria que Jesus prometeu a suas testemunhas está presente em Paulo que se defende diante de todos. Vamos ver isso de perto. Entre a prisão em Jerusalém e a chegada a Roma, Lucas vai espalhando várias declarações de que Paulo é **inocente**, como acontecera com Jesus.

> **Confira em sua Bíblia**
> **1.** A prisão dele é arbitrária e as acusações para executá-la são falsas (At 21,17-33).

> **2.** O comandante que o prende dá mostras de ter-se enganado (21,34-39).
> **3.** O discurso de Paulo termina com um pedido injustificado de morte por parte do povo (22,1-22; compare com Lc 23,18.21).
> **4.** O título de cidadão romano protege Paulo das arbitrariedades (At 22,23-29).
> **5.** Os membros do Sinédrio brigam entre si (23,1 e seguintes), e declara-se que Paulo é *inocente* (23,9b).
> **6.** Cláudio Lísias *inocenta* Paulo (23,29).
> **7.** O governador Pórcio Festo reconhece que não há nada de grave contra o prisioneiro (25,19).
> **8.** O rei Agripa *inocenta* Paulo (26,31-32).
> **9.** O povo de Malta, pensando que se tratasse de um assassino castigado pela justiça divina, acaba mudando de opinião (28,1-6).

Também nessa viagem, podem-se entrever as "quatro colunas":

1. A tribulação. Alguns detalhes: a prisão (21,17-33), o pedido de morte (22,22), o complô para matá-lo (23,12-22), a proposta indecente que Festo lhe faz para que volte a Jerusalém, a fim de ser julgado (25,9), além do naufrágio detalhadamente descrito em 27,13-44.
2. Os vários discursos são uma espécie de síntese de toda a vida de Paulo. Veja, acima, os testemunhos de Paulo diante de várias pessoas ou grupos.
3. Confronto com a magia/superstição (28,1-6).
4. Paulo realiza um milagre de cura na ilha de Malta (28,8; compare com Lc 4,40).

Outro aspecto importante na viagem por mar é este: à medida que os fatos vão sendo narrados e que os perigos aumentam, Paulo é apresentado cada vez mais sábio e entendedor de navegação. No fim das contas, é como se ele fosse o comandante do navio, e todas as pessoas a bordo se salvam por causa dele. O prisioneiro inocente é causa de vida para todos, até dos habitantes doentes de Malta. Paulo é o oposto de Jonas e ameaça de morte para todos os que se encontram no navio (compare com Jonas 1).

> **Comprove!**
> Copie, em uma folha à parte, ou marque, em sua Bíblia, as seguintes passagens dos Atos dos Apóstolos:
> 27,10; 27,21-26; 27,31; 27,33-34; 28,8-9.

A viagem do prisioneiro Paulo é, pois, uma marcha vitoriosa. Ele deixa Jerusalém para sempre, obedecendo a um mandato do Senhor (22,18). Lucas o mostra partindo com uma comitiva semelhante às que acompanhavam os reis (470 soldados). Durante a longa travessia, quando faltam as estrelas para orientar os marinheiros (27,20), a grande "estrela-guia" é Paulo, prisioneiro inocente, que conserva a vida de todos os que caminham com ele.

Paulo chega a Roma como prisioneiro testemunha. Lucas informa que ele permanece dois anos em uma espécie de "prisão domiciliar", ou seja, seu braço fica permanentemente acorrentado ao braço de um soldado. Assim vai contabilizando anos de cadeia. Com essa "liberdade", anuncia Jesus e ganha a própria vida (28,16.30). Passados dois anos, deve ter recuperado a liberdade.

Índice

A coleção: "Conheça a Bíblia. Estudo Popular" | 3

Apresentação | 5

1. O EVANGELHO DE MARCOS | 7
I. Perguntas importantes | 7

II. Olhando o Evangelho de Marcos de longe | 17

III. Os fios coloridos do Evangelho de Marcos | 18

IV. Olhando de perto a subida à montanha (1,1-8,30) | 23

V. Olhando de perto a descida da montanha (8,31-16,8) | 29

2. O EVANGELHO DE MATEUS | 33
I. "...os que estiverem na Judeia fujam..." (24,16) | 33
    "Vocês serão entregues à tribulação,
    serão mortos e odiados" (24,9) | 34
    "Tirar do baú coisas novas e velhas" (13,52) | 35

II. "Eu vim completar a Lei" (5,17) | 36
    1. Uma homenagem ao Pentateuco | 36
    2. Uma chave de leitura | 37

III. Uma casa construída sobre a rocha (7,24) | 41
    Andar térreo (capítulos 1 e 2):
    Jesus é o Rei que vai fazer justiça | 41

1. Mateus 1,1-17 | 41
2. Mateus 2,1-12 | 42
1º andar | 44
    1º apartamento (capítulos 3 e 4: narrativa):
    com Jesus o Reino chegou | 44
    2º apartamento (capítulos de 5 a 7: discurso):
    o Reino é a justiça que liberta | 45
2º andar | 46
    3º apartamento (capítulos 8 e 9: narrativa):
    a justiça do Reino produz sinais concretos | 46
    4º apartamento (capítulo 10: discurso):
    os colaboradores para a justiça do Reino | 48
3º andar | 48
    5º apartamento (capítulos 11 e 12: narrativa):
    a justiça do Reino entra em choque | 48
    6º apartamento (13,1-52: discurso): parábolas:
    a justiça do Reino vai vencer | 49
4º andar | 50
    7º apartamento (13,53-17,27: narrativa):
    o seguimento do Mestre da justiça | 50
    8º apartamento (capítulo 18: discurso):
    a justiça do Reino na comunidade | 51
5º andar | 53
    9º apartamento (capítulos de 19 a 23: narrativa):
    o Reino é para todos | 53
    10º apartamento (capítulos 24 e 25: discurso):
    o julgamento destrói a sociedade injusta | 54
Cobertura (capítulos de 26 a 28). A morte e a ressurreição de Jesus marcam o fim da injustiça | 55

3. O EVANGELHO DE LUCAS | 57
I. Antes de abrir o livro | 57
   1. Quem foi Lucas? | 57
   2. A obra de Lucas | 58
   3. A pesquisa de Lucas | 59

II. Abrindo o Evangelho de Lucas | 60
   1. Como está organizado | 60
   2. Algumas "amarras" entre o Evangelho de Lucas e os Atos dos Apóstolos | 62
   3. Classes sociais no Evangelho de Lucas | 62
   4. Solidariedade em Lucas | 65
   5. O Evangelho dos pobres | 68
   6. A viagem de Jesus a Jerusalém (e sua volta ao Pai) | 69
   7. Jesus e as mulheres em Lucas: igualdade | 70
   8. Lucas e o ecumenismo | 72

4. OS ATOS DOS APÓSTOLOS | 75
I. Antes de abrir o livro | 75
   1. Os Atos dos Apóstolos no plano da obra de Lucas | 75
   2. Uma obra bem "amarrada" | 76

II. Abrindo o livro | 79
   1. Olhando de perto o livro dos Atos dos Apóstolos | 79
   2. Grupos importantes interagindo em Atos dos Apóstolos | 81
   3. Dois tipos de comunidade | 82
   4. Conflitos em Atos dos Apóstolos | 83
   5. As mulheres em Atos dos Apóstolos | 84
   6. A corrupção em Atos dos Apóstolos | 85
   7. Viagens de Paulo e fundação de comunidades (capítulos 13-28) | 85

    a. Primeira viagem (anos 46-48):
       Atos dos Apóstolos 13-14 | 88
    b. Segunda viagem (anos 49-52):
       Atos dos Apóstolos 15,36-18,23a | 88
    c. Terceira viagem (anos 53-57):
       Atos dos Apóstolos 18,23b-21,17 | 93
    d. Quarta viagem (anos 59-62):
       Atos dos Apóstolos 21,18-28,16 | 94

GRÁFICO
O "Prédio" do Evangelho de Mateus | 40

MAPAS
Palestina do Novo Testamento | 10
Primeira viagem de Paulo | 87
Segunda viagem de Paulo | 90
Terceira viagem de Paulo | 92
Quarta viagem de Paulo | 95

Este livro foi composto com as famílias tipográficas Cantonia, Minion Pro e Segoe
e impresso em papel Offset 75g/m² pela **Gráfica Santuário.**